DEUX ANNÉES

DE

L'HISTOIRE DE GRENOBLE.

DEUX ANNÉES

DE

L'HISTOIRE DE GRENOBLE

DEPUIS LA SUSPENSION DE LOUIS XVI (10 AOUT 1792) JUSQU'A LA CHUTE DE ROBESPIERRE (9 THERMIDOR AN II — 27 JUILLET 1794);

PAR

M. ALBIN GRAS,

DOCTEUR ÈS SCIENCES, DOCTEUR EN MÉDECINE DE LA FACULTÉ DE PARIS, PROFESSEUR A L'ÉCOLE DE MÉDECINE DE GRENOBLE, EX-PRÉSIDENT DE LA SOCIÉTÉ DE STATISTIQUE DE L'ISÈRE, ETC.

GRENOBLE,

IMPRIMERIE DE N. MAISONVILLE, RUE DU PALAIS.

—

NOVEMBRE 1850.

DEUX ANNÉES

DE

L'HISTOIRE DE GRENOBLE.

On était au 10 août 1792 (1); quatre années s'étaient écoulées depuis que, donnant le premier exemple d'insurrection, les députés de l'Assemblée des trois ordres du Dauphiné avaient déclaré à Vizille, le 21 juillet 1788 : *« ne vouloir octroyer les impôts par dons gratuits ou autrement que lorsque leurs représentants en auraient délibéré dans les états généraux du royaume.* » Que d'événements s'étaient accomplis dans ce court espace de temps! Les vieilles institutions du royaume, datant de plus de dix siècles, avaient été renversées, entraînant dans leur chute la monarchie et le monarque; des lois de justice et d'égalité avaient remplacé les abus et les priviléges de l'ancien régime; ainsi que toutes les provinces du royaume, l'antique Dauphiné avait disparu et fait place à trois départements (l'Isère, les Hautes-Alpes et la

(1) Les matériaux de cette histoire ont été puisés surtout dans les journaux du temps publiés à Grenoble, dans les registres des délibérations du directoire du département et du district, du conseil général de la commune, dans un grand nombre de pièces imprimées à Grenoble pendant la révolution, et enfin dans les souvenirs de plusieurs contemporains.

Drôme); la révolution, en ébranlant jusque dans ses bases l'ordre social établi jusqu'alors, avait froissé une multitude d'intérêts, amoncelé des ruines et éveillé toutes les ambitions; elle était devenue même l'occasion de violences et de crimes que l'on devait prévoir chez un peuple neuf encore, sans éducation politique, et qui, passant brusquement du despotisme à la liberté, se dédommageait par la licence de l'oppression qu'il avait subie si longtemps.

Grenoble, comme toutes les villes de France, s'était ressentie de ces vives commotions; sa physionomie avait complétement changé; mais, hâtons-nous de le dire (et c'est même le point le plus saillant des quelques faits que nous allons retracer), aucun meurtre politique n'avait souillé et ne souilla nos murs, et si l'on en excepte la journée *des Tuiles* (le 7 juin 1788), l'échauffourée du 23 au 26 septembre 1789 et quelques troubles sans importance occasionnés par la cherté des grains à la fin de février 1793, nous n'avons presque pas eu à déplorer parmi nous de violences extrà-légales. Dans les campagnes de nos environs, l'on ne vit pas ces incendies de châteaux et ces scènes de dévastation dont le nord du département et la plus grande partie de la France avaient été témoins : c'est là un titre d'honneur pour notre cité. On doit attribuer ce calme et cette modération au bon esprit des habitants déjà mûrs pour la liberté, à la sagesse des magistrats que l'on avait élus, et peut-être aussi au défaut de résistance et à l'absence de presque toute opposition, la plus grande partie de la population ayant embrassé avec ardeur la cause de la liberté.

Grenoble, pourtant, avait payé bien cher le changement de régime : de capitale d'une province, de siége d'un des premiers parlements de France, elle était devenue le chef-lieu obscur d'un département. Le commerce de luxe était anéanti; les fêtes aristocratiques, les équipages avaient disparu; l'émigration avait rendu les hôtels habités par les riches tellement déserts, qu'un journaliste proposait de loger un régiment dans les maisons abandonnées de la rue Neuve, qui était alors le quartier de l'aristocratie ; enfin la disette des grains, qui se faisait sentir depuis deux ans, avait fait endurer la faim au pauvre et mis le riche dans un état de gène voisin de la pauvreté.

Malgré toutes ces causes de mécontentement, l'enthousiasme révolutionnaire n'avait cessé de régner à Grenoble. On aimait cette révolution qu'on avait vue naître près de soi à Vizille ; on l'aimait comme un enfant dont l'éducation a coûté beaucoup de peine. On avait applaudi par des fêtes et par des adresses patriotiques à toutes les victoires de l'Assemblée nationale contre le parti de la cour, et c'était en vain que Mounier avait essayé de provoquer quelque résistance aux idées anti-monarchiques du temps : malgré son influence il avait échoué, et, comme Coriolan, il s'était condamné à un exil volontaire ; peut-être s'était-il retiré trop tôt de l'arène où Barnave, son brillant rival, lutta jusqu'au bout.

Pour donner une idée de l'enthousiasme des Grenoblois, on peut rappeler qu'à la première levée de troupes, en 1791, lorsque éclata la guerre, notre ville à elle seule compta plus de 300 volontaires.

On espérait d'ailleurs voir la fin des crimes et des brigandages qui avaient déshonoré Paris et la plupart des grandes cités de la France, et on commençait également à sentir le besoin de s'arrêter quelques instants pour asseoir les institutions nouvelles.

Mais avant d'aller plus loin, il convient de dire un mot de ces institutions, et d'indiquer en même temps quelles étaient les autorités légales ou extrà-légales placées à la tête de notre ville ou qui lui donnaient une impulsion.

Par suite de divers décrets rendus par l'Assemblée nationale, toutes les autorités religieuses, administratives et judiciaires étaient élues par leurs administrés ou leurs justiciables. L'élection était à deux degrés ; tous les citoyens actifs payant, pour le département de l'Isère, trois francs de contribution (1) se

(1) Valeur de trois journées de travail. Cette condition du cens fut supprimée plus tard.

réunissaient par section (1) dans les villes et par canton dans les campagnes, et formaient ce qu'on appelait des *assemblées primaires*. Là on choisissait un certain nombre d'électeurs, proportionné au nombre des votants. Ces électeurs s'assemblaient successivement par département, par district (2), par canton, par section, pour choisir les députés aux assemblées législatives (3) et les diverses autorités.

L'administration du département avait à sa tête un *directoire* composé d'un président et de huit membres remplissant à peu près les fonctions de nos préfets actuels; d'autres membres, sous le nom d'administrateurs, composaient l'assemblée administrative, ou *conseil général* du département (4).

A la tête de chaque district, se trouvait également un directoire composé d'un président remplissant, avec quatre membres, les fonctions de nos sous-préfets, et des administrateurs formant le conseil du district. On comptait, comme maintenant, un juge de paix par canton. Les communes étaient administrées par un maire et par des officiers municipaux au nombre de quinze à Grenoble. On choisissait un nombre double de *notables;* ces derniers, joints aux officiers municipaux, composaient le *conseil général de la commune*. A chacune de ces administrations étaient adjoints un procureur-syndic et un substitut du procureur-syndic, également choisis par l'élection. Ces procureurs-syndics remplissaient les fonctions d'agents exécutifs; ils étaient chargés de défendre les intérêts et de poursuivre les affaires de l'administration. En 1794, ils furent remplacés par des *agents nationaux* remplissant à peu près les mêmes fonctions.

---

(1) Voir la pièce justificative A.

(2) Le district correspondait à notre arrondissement actuel.

(3) Les députés du département de l'Isère à l'Assemblée législative étaient Aubert-Dubayet, Rognat, Sablière-Lacondamine, Guilloud, Bravet, Danthon, Vallier fils, Michoud et Dumolard.

(4) Les conseils généraux de département furent supprimés par le décret du 14 frimaire an II, qui établissait le gouvernement révolutionnaire.

Au moment où nous commençons cette histoire (août 1792), le directoire du département était composé de Falquet-Planta (Jacques), président ; Puis (François), vice-président ; Royer (Louis) ; Duc (Pierre-Antoine) ; Orcellet (Charles-Simon) ; Bergeron (Fiacre) ; Dumollard (François-Vincent) ; Roux (Etienne-Barthélemy) ; Trousset (J.) ; Gautier (Louis), procureur général syndic ; Duport (Jean-Victor), secrétaire.

L'administration départementale était en permanence depuis le 24 juillet 1792, en exécution de la loi du 11 qui avait déclaré la patrie en danger. Ses occupations avaient été nombreuses, surtout depuis la déclaration de guerre au Piémont, et, plusieurs fois, ses membres avaient été obligés de passer les nuits à travailler. A la tête de cette administration, se trouvait Falquet-Planta, homme plein de courage, qui avait embrassé avec enthousiasme la cause révolutionnaire. On dit qu'il avait plus d'esprit que de jugement. Malgré son exaltation, qui l'entraîna parfois trop loin, on doit reconnaître pourtant qu'il a rendu des services à nos contrées.

Le directoire du district de Grenoble se composait de Réal (A.), président ; Amar (A.), vice-président ; Belluard (Louis) ; Allemand-Deschemins (Ennemond) ; Giroud (Pierre) ; Hilaire (J.-Fr.), procureur-syndic ; Gautier (Melchior), secrétaire.

Les juges de paix à Grenoble étaient, pour l'arrondissement oriental : Dantard (Jean-Baptiste), ancien procureur ; pour l'arrondissement occidental, Mallein (Jean-Baptiste-Abraham), homme de loi ; et pour l'arrondissement extérieur, Chanrion (J.) aîné, peigneur de chanvre, l'un des hommes qui, par leur ascendant sur les ouvriers, par leur courage et leur droiture, ont rendu les plus grands services à notre ville.

La municipalité, dont les membres avaient été élus en novembre 1791, se composait ainsi :

Prunelle-Delierre (Léonard-Joseph), homme de loi, maire ; Fontaine (André-Barthélemy), avoué ; Teisseire (Hyacinthe-Camille), négociant ; Hache aîné (Jean-François), ébéniste ; Grimaud (Daniel), ancien procureur ; Béranger

(Jean-Gabriel), ancien procureur; Alary (Cl.), armurier; Bertrand (J.), entrepreneur; Rossel-Bressand (Charles), cultivateur; Félix (François), négociant; Dumoulin (François), chamoiseur; Navizet (François) père, chamoiseur; Bonnefoy (Yves), avocat; Laville (Etienne), marchand gantier; Breton (Pierre), apothicaire, officiers municipaux.

Bonin (Ch.), ferblantier; Baudot (P.), curé de Saint-Joseph; Durand (J.), homme de lettres; Morin (Cl.), prêtre; Thibaud fils, gantier; Périer (P.), liquoriste; Accarier (P.-A.), notaire; Ducruy (Ch.), marchand gantier; Raffin (P.), cultivateur; Chevrier (B.), marchand gantier; Dantard (J.), juge de paix; Lamouroux (A.), trésorier des guerres; Mérand (A.), cultivateur; Genevois (L.-B.), juge du district; Trouilloud (E.-F.); Genissieu (J.-J.-V.), juge du district; Bouvier (J.-B.), charpentier; Paques (Ch.) fils, cordonnier; Martinais (J.-L.), avoué; Poudré (F.), tonnelier; Chanrion (J.), juge de paix; Grange (L.), vicaire épiscopal; Fantin, homme de loi; Trembley (N.-P.); Julien (P.-A.); Guillot (C.-S.); notables.

Delhors (J.-Baptiste), avoué, procureur de la commune.

Bourguignon-Dumollard (Claude-Sébastien-Louis-Félix), avoué, substitut du procureur de la commune.

L'évêché de Grenoble était occupé à cette époque par Pouchot (Joseph), curé de la Tronche, élu le 2 mars 1791 par l'assemblée des électeurs, en remplacement de Dulau-d'Allemans (Henri-Charles), destitué pour avoir refusé de prêter le serment impolitique que l'on exigeait des prêtres.

La garde nationale de Grenoble fut organisée et réglementée le 25 août 1789 par un arrêté pris par le conseil de ville et par les députés des seize districts de la ville; elle ne faisait que remplacer l'ancienne milice bourgeoise (1) existant depuis longtemps, et qui se composait de seize compagnies, appartenant chacune à l'un des seize quartiers de la

(1) Louis XIV, attaqué sur la fin de son règne par une partie de l'Europe, avait institué dans les villes des milices bourgeoises composées de roturiers, et destinées à faire le service des places en l'absence des troupes réglées.

ville. Elle fut organisée, du reste, comme l'ancienne, et composée à peu près des mêmes éléments (1).

A la suite de la loi du 14 octobre 1791, relative à l'organisation de la garde nationale, les conseils des quatre bataillons de la ville rédigèrent, le 12 août 1792, un règlement approuvé par la municipalité et par le directoire du département. Les domestiques, les gens déclarés *suspects*, les malintentionnés et les gens sans aveu étaient exclus des contrôles, mais ils pouvaient être soumis à la taxe de remplacement. Le district de Grenoble comprenait quatre légions, commandées par Mallein-la-Rivoire (C.-Isaac). Les quatre bataillons de la ville appartenant à la 1re légion étaient commandés, le 1er, par Barbier; le 2e, par Bottut fils; le 3e, par Teisseire; le 4e par Randon. Notre garde nationale, dont les officiers étaient destitués au gré du caprice des administrateurs et des représentants, a joué, du reste, un rôle très-peu actif pendant la révolution.

Indépendamment de ces autorités régulières, il faut aussi tenir compte, dans ces temps d'orages, des *sociétés* et des *réunions populaires*, dont l'influence dépassait souvent celle des autorités légales. Ainsi, on doit mentionner à Grenoble la Société populaire et l'association des ouvriers des faubourgs qu'on désignait sous le nom de *Cardinaux*, parce qu'ils étaient habituellement coiffés d'un bonnet rouge, et enfin les assemblées des sections.

La Société populaire de Grenoble fut fondée en 1789 par Dumolard, Aubert-Dubayet, le père Fairin de l'Oratoire, Amar, Marcel, de Barral, Réal, Ducros, Bigillion, Duport, Genissieu, etc., sous le nom de *Société patriotique des amis de la Constitution;* elle avait pour organe le journal quotidien la *Vedette des Alpes ou la Sentinelle de la Liberté*, qui parut le 1er décembre 1789, et qui fut remplacé, le 16 février 1790, par le *Courrier patriotique*, qui ne paraissait que tous

(1) Voir la pièce justificative B.

les deux jours. Elle compta bientôt dans son sein toutes les autorités administratives et judiciaires qui habitaient la ville. Cette société se réunissait d'abord deux fois par semaine, le dimanche et le jeudi, dans une des salles du couvent des Jacobins, situé sur la place Grenette; plus tard (1792), les réunions eurent lieu tous les jours, au couvent de Sainte-Claire, qui occupait la place qui porte aujourd'hui le même nom, et, à l'exemple des autres corps constitués, elle se déclara en permanence le 28 juillet 1792. Après la suspension de Louis XVI, elle prit le nom de *Société populaire des amis de l'égalité;* puis elle reprit quelque temps son premier titre de *Société des amis de la Constitution*, après l'acceptation de la Constitution de l'an II. Lorsque la Convention eut décrété le *gouvernement révolutionnaire*, elle se fit appeler simplement *Société populaire*, et enfin, en 1794, après s'être épurée, elle s'affilia aux Jacobins de Paris et voulut se nommer *Société des Jacobins de Grenoble*. A cette époque, dès le 20 pluviôse an II (8 février 1794), elle tenait ses séances dans l'église Saint-André, que l'administration municipale avait mise à sa disposition. Quelque temps après le 9 thermidor, on procéda à une épuration inverse de la première; Gauthier, représentant du peuple, en expulsa les membres les plus exaltés, et la société, qui avait d'abord conservé quelque énergie, se réunit ensuite de plus en plus rarement, et fut enfin dissoute définitivement par l'autorité le 20 germinal an III (9 avril 1795). Elle essaya de se reformer le 30 pluviôse an IV (19 février 1796) sous le nom de *Cercle des amis de la Constitution républicaine de* 1795; mais l'existence de cette nouvelle société ne dépassa pas quinze jours. La Société populaire a exercé une grande influence sur Grenoble pendant la durée de son existence.

L'association des *Cardinaux*, et plus tard des *Bonnets-Rouges*, date de 1791. Elle était formée surtout par les ouvriers peigneurs de chanvre du faubourg Très-Cloîtres, dont l'industrie était alors florissante. Chanrion, maître peigneur de ce faubourg, était à leur tête et disposait entièrement de ces hommes pleins d'énergie. Il se servit de cette influence pour contre-balancer les menées séditieuses de quelques terroristes de la Société populaire, la plupart étrangers à Grenoble. Il menaça plusieurs fois de ses Cardinaux les auteurs de motions incendiaires, et se fit craindre même de certains représentants.

Les Bonnets-Rouges avaient formé une compagnie qui s'intitulait : *Compagnie de la Mort* ; ils étaient armés de faux et portaient pour uniforme une *carmagnole* et un chapeau à bord retroussé en avant et fixé par une cocarde où se trouvaient représentés deux os en sautoir, surmontés d'une tête de mort. Ils se livraient de temps en temps à quelques équipées, qui n'eurent pourtant jamais de suites fâcheuses. Ainsi, ils expulsaient d'un café les habitués aristocrates qui fréquentaient cet établissement ; ils allaient rendre une *visite* à Giroud, imprimeur du journal modéré de la ville. En 1792, à l'époque de la ferveur des dons patriotiques offerts volontairement et souvent arrachés par la crainte, les négociants de la Grand'Rue semblaient négliger d'apporter leur offrande à la patrie : les Cardinaux leur adressèrent, à cette occasion, une lettre qui fut insérée dans le *Courrier patriotique*, et que nous allons reproduire, ainsi que la réponse qui lui fut faite, comme exemple du style et des mœurs du temps :

Adresse des CARDINAUX-CITOYENS *qui n'ont que des bras nerveux, à leurs concitoyens opulents, lue à la séance publique du dimanche* 13 *avril.*

« Frères de la Grand'Rue et de toutes les autres, en vain a-t-on voulu suspecter votre patriotisme : la fortune que vous avez faite à l'ombre de la Révolution par le moyen du commerce de l'étoffe et de l'argent, le bon sens dont vous avez fait un si noble usage, votre naissance dans la caste non noble : tout nous dit, à nous hommes simples, que vous êtes patriotes et d'autant plus ardents que votre amour pour la patrie, concentré au dedans de votre cœur, *ne s'est pas encore exhalé au dehors*. Dans cette supposition, notre sollicitude nous a fait penser qu'occupés fortement de vos affaires domestiques, vous pourriez bien, par distraction, ne pas vous occuper assez des affaires publiques. La patrie a besoin des efforts de tous ses enfants. Nos bras lui sont dévoués, et ils vous protégeront contre les enragés aristocrates qui voudraient porter la désolation dans vos familles : mais nous n'avons que nos bras et *vous avez de l'argent*. A ce mot vous vous réveillez d'un assoupissement involontaire ; vos oreilles sont frappées du cri de la patrie : vous prenez de l'or, vous y joignez des assignats, et tout cela va grossir le torrent des offrandes patriotiques. O bons citoyens, nous n'attendions pas moins de vous ! combien la calomnie va se mordre les doigts ! Mais il nous vient une pensée. Vos moments sont précieux : ils sont employés à attirer l'argent par l'argent ; et dès que vous lui donnez une aussi belle destination, veuillez ne pas vous déranger ; notre temps, à nous n'est pas, à beaucoup près, si précieux : nous en destinerons une partie pour ménager le vôtre. Nous irons donc recueillir vos offrandes. Nos mains sont pures, quoique pauvres, et loin de notre cœur l'idée du plus noir des sacriléges ! Avec quelle vitesse nous parcourrons l'espace qui sépare votre domicile de la maison commune ! O bons frères, vous approuverez notre zèle, nous n'en doutons pas ! Comptez sur vos frères des faubourgs qui vous souhaitent une prospérité durable.

« Nous ferons notre ronde patriotique dans la quinzaine. »

L'orateur a demandé que l'adresse fût insérée dans le journal.

Réponse du président de la société (1).

« Citoyens, nous approuvons le zèle qui a dicté votre démarche, parce que nous sommes persuadés qu'il n'est pas dans votre pensée de commander par la crainte un acte que doit produire seule la libéralité. Vous respectez trop le droit sacré de propriété et la tranquillité de vos concitoyens pour agir de manière à leur faire craindre que l'un ou l'autre soit compromis. Vous avez cru que les affaires du commerce absorbaient tellement l'attention de ceux qui l'exercent, qu'ils n'avaient pas le temps de lire les nouvelles, et que peut-être ils ignoraient que la nation entière se lève pour forcer ses ennemis à respecter sa souveraineté : vous n'avez pas soupçonné qu'ils fussent indifférents à la cause de la patrie. Or, vous devez croire que tous les citoyens de cette ville sont instruits des événements, et que lorsque les offrandes à la patrie s'accumulent sur son autel, il n'y a point de cœurs qui ne se sentent entraînés par la force victorieuse de l'exemple et par le brûlant désir de voir triompher la cause du genre humain. Sous ce rapport, votre ronde serait inutile ; mais sous un autre, elle pourrait effrayer. Un commerçant qui passe sa vie dans l'ombre de son comptoir, un riche citoyen qui évite le hâle du grand air, ont nécessairement l'un et

(1) C'était alors Muret.

l'autre des organes débiles; leurs oreilles délicates seront effrayées du ton mâle avec lequel vous leur parlerez du danger de la patrie et de ses besoins. Vos avertissements pourraient paraître des menaces à ceux qui ne sont habitués qu'à une voix faible et douce. Vos bras nerveux, que vous destinez à protéger la paix publique, leur feront craindre que dans le cas où l'on ne verrait rien sortir de leur main, votre dessein fût de faire de ces mêmes bras un usage qui leur serait désagréable. Vous n'en êtes pas capables, citoyens; vous ne voulez effrayer que les ennemis du bon ordre, et vous vous abstiendrez de ce qui pourrait diminuer le mérite d'une offrande qui n'est plein et entier que lorsqu'elle est parfaitement volontaire. Il nous semble donc qu'il suffirait d'insérer votre adresse dans le journal, ce qui préviendrait les *distractions* que vous craignez, et qu'il faudrait vous abstenir de la *ronde patriotique*. Vous êtes bons, et vous ne voudrez pas faire peur aux âmes trop délicates de vos opulents concitoyens. La société va délibérer sur votre demande et vous invite à sa séance. »

Un membre ayant converti en motion l'observation du président, la société a délibéré que l'adresse des *Cardinaux* et la réponse de son président seraient insérées dans le *Journal patriotique*.

Enfin, il y avait en outre, dans chaque section, des réunions reconnues par la loi, composées de tous les citoyens actifs et munis de cartes civiques; à leur tête se trouvait un président. Ces sections étaient également en permanence depuis la déclaration de la guerre; comme on y entrait sans trop de difficultés, les modérés furent bientôt en majorité dans la plupart d'entre elles, au grand déplaisir de la Société populaire; aussi les orateurs de cette société s'élevèrent souvent avec force contre les assemblées sectionnaires et parvinrent à annihiler leur influence. Le 12 août 1793, sur la dénonciation du club, la commune de Grenoble ordonna aux sections de ne se réunir que sur la demande des comités de surveillance établis dans leur sein ou lorsque la municipalité le jugerait convenable. D'après un autre arrêté, elles ne devaient s'assembler que le décadi; on les força même à s'épurer. Enfin, par un dernier arrêté du 1er messidor an II, elles ne purent se réunir que pour délivrer des certificats de résidence, fonction dont elles étaient expressément chargées par la loi.

Quant à la presse, qui n'avait pas alors l'influence qu'elle a de nos jours, elle était représentée à Grenoble par le *Courrier patriotique* seulement (1), journal toujours à genoux devant le parti dominant; les *Affiches du Dauphiné*, journal du parti opposé, malgré toute leur modération et leur rôle de simple compilateur, avaient été supprimées le 17 juillet 1792; peu de temps auparavant, on avait imposé à Giroud, qui en était l'imprimeur et le rédacteur, l'obligation de faire suivre chaque article emprunté à un journal royaliste du mot *aristo*.

Un club monarchique qui avait essayé de se former en 1790 et 1792 avait été également fermé par ordre de la municipalité (2). On voit que la liberté n'était guère respectée dans ces temps, où ce mot de liberté était pourtant dans presque toutes les bouches.

Revenons maintenant à notre histoire. Le 10 août 1792 il régnait à Grenoble une grande agitation : des députés marseillais étaient arrivés la veille. Dans la séance de la Société populaire du 29 juillet, d'après un mot d'ordre venu de Paris, Amar, Genissieu et Berton, vicaire épiscopal, avaient attaqué avec violence la conduite de Louis XVI et avaient demandé son abdication ou sa déchéance; une adresse avait été rédigée dans ce but et envoyée à l'Assemblée législative. On s'attendait à de graves événements; aussi la nouvelle de

---

(1) Falcon, François Eymard et Vallet fils ont été les principaux rédacteurs de ce journal, qui appartint d'abord à la société patriotique; plus tard Cuchet, imprimeur, en fut seul propriétaire; il se brouillait quelquefois avec la société, qui se vengea dans une circonstance (le 30 août 1793) en faisant suspendre le journal par la commune. Ce ne fut qu'avec peine et par l'intermédiaire du district que Cuchet obtint de continuer sa publication.

(2) Voir l'arrêté du 23 décembre 1790 et le passage suivant du journal : « La municipalité, instruite que nos braves *Cardinaux* avaient intention d'aller délibérer avec les membres du club des ci-devant nobles, et craignant que les discussions ne devinssent orageuses, a mandé le sieur Jobez, concierge dudit club, pour lui défendre de tenir ses assemblées. » (*Courr. patr.*, n° 35, 6 mai 1792).

l'insurrection parisienne du 10 août, qui avait amené la suspension du roi, ne surprit personne; on était las des soulèvements, des bruits de conspirations, et on espérait que la chute de la royauté ferait enfin cesser ces luttes sanglantes qui plongeaient la nation dans le deuil. Les préparatifs de la guerre faisaient aussi diversion aux préoccupations de la politique; notre ville était alors encombrée de volontaires qui parcouraient les rues en chantant des airs patriotiques, et tel était l'enthousiasme qui régnait encore, que le 15 août Mallein-la-Rivoire ayant convoqué les quatre bataillons de la garde nationale sur la place Grenette, plus de deux cents volontaires sortirent des rangs au cri de *Vive la liberté!* et s'inscrivirent pour aller défendre la frontière. Le contingent fixé par le district pour la ville n'était que de 105 hommes; quelques jours après, le nombre de ces enrôlés s'élevait à presque 400. Les Grenoblois avaient déjà levé et organisé à leurs frais deux compagnies d'artilleurs.

Dans la nuit du 18 au 19 août, arriva au directoire du département un courrier extraordinaire qui portait l'ordre d'arrêter Barnave, compromis par un papier insignifiant trouvé dans la fameuse armoire de fer. Un détachement de gardes nationaux et d'artilleurs partit de Grenoble le 19, entre trois et quatre heures du matin, et arrêta Barnave dans sa maison de campagne située à Saint-Robert. On le transféra d'abord dans la prison de la ville, et plus tard on l'enferma au fort Barraux.

Le même jour (19 août) pour inaugurer la nouvelle révolution, toutes les autorités et la garde nationale se rassemblèrent au pied de l'arbre de la liberté (1); Falquet-Planta prononça un discours plein de l'esprit révolutionnaire du

(1) Cet arbre était une pièce de sapin, haute de plus de 25 mètres, sur laquelle on avait peint une bande tricolore enroulée en spirale. Il avait été planté au milieu de la place Grenette le 24 juin de cette année; une souscription particulière en avait fait les frais.

temps, et tous les citoyens prêtèrent le serment de défendre au péril de leur vie *la liberté* et *l'égalité*.

Le département, le district et la commune de Grenoble envoyèrent ensuite à l'Assemblée législative des adresses de félicitations pour l'abolition de la royauté héréditaire, *ce monstre ennemi du bonheur social*. (Adresse du district.)

Deux jours après cette fête, Lacombe-Saint-Michel, Rouyer et Gasparin, commissaires de l'Assemblée législative, arrivèrent à Grenoble. Ils étaient munis de pouvoirs extraordinaires pour suspendre les généraux et destituer les fonctionnaires civils et militaires. Leur mission principale était de surveiller et d'organiser l'armée qui se préparait à envahir la Savoie. Ils furent reçus avec de grandes démonstrations de joie; la garde nationale alla à leur rencontre et leur fournit une garde d'honneur; le soir, il y eut des danses et des farandoles; on chantait la fameuse chanson *Ça ira*, et on embrassait le bonnet rouge, dit le *Courrier patriotique*. Le jour même de leur arrivée, les commissaires ne manquèrent pas de se rendre à la séance de la société des *Amis de l'Égalité*.

Le 24 août, on célébra dans notre ville, à neuf heures du soir, une fête funèbre en l'honneur des victimes du 10 août. Pour en faire connaître les détails, nous allons reproduire en entier une relation curieuse de la cérémonie, imprimée à cette époque, et qui nous donnera aussi une idée de l'enflure de style et de l'affectation de mauvais goût que l'on retrouve dans beaucoup d'écrits politiques du temps :

DESCRIPTION DE LA FÊTE FUNÈBRE

En l'honneur des Victimes de la tyrannie immolées près de la Caverne du **Monstre** *des* **Tuileries**, *célébrée à* **Grenoble** *le* **24** *août* **1792**, *l'an* **I**^er^ *de* **l'Egalité**, *à neuf heures du soir* (1).

Le vingt-trois au soir, le son des cloches annonça aux Citoyens que la journée suivante serait consacrée à la douleur. Le vingt-quatre au

(1) Une brochure in-8° de quatre pages, sans nom d'imprimeur.

matin, on immola l'agneau sans tache à la Cathédrale, pour effacer les suites des faiblesses humaines de ces Héros morts pour la Patrie. A huit heures, le Département, le District, la Municipalité, réunis aux Corps Judiciaires et escortés par la Garde Nationale, partirent de la maison Commune au bruit des cloches et de l'artillerie, et défilèrent par la place Saint-André, la Grand'rue, la place de la Liberté et la rue Neuve, pour aller prendre MM. les Commissaires de l'Assemblée Nationale, qui se rendirent, avec eux et le Général Montesquiou, au champ de douleur.

La Place Grenette, aujourd'hui Place de la Liberté, était le lieu consacré à cette lugubre cérémonie; on avait élevé au centre une pyramide triangulaire, appuyée sur un socle proportionné, semblable, pour la forme, au plan de l'aiguille, et de trente pieds d'élévation, large à proportion, couvert de drap noir avec des larmes argentées, garni de lampions dans toutes ses tranches et sur tous ses appuis; au sommet de la Pyramide, et aux quatre coins du socle, des urnes funéraires, enflammées, mêlaient leurs feux à celui des lampions; autour des quatre faces on avait pratiqué des grottes profondes, entourées de feuillages à travers desquels on voyait plusieurs femmes vêtues de blanc, avec des ceintures ou des écharpes noires; leur figure ingénue et leur beau teint contrastaient avec la draperie de l'obélisque et la couleur de leurs ornements. A quelque distance du monument, on avait planté quatre arbres en forme de Cyprès, auxquels étaient suspendus des drapeaux et de vieilles armes, formant des trophées militaires; un peu plus loin, dans le sombre, était une tribune pour l'Orateur; près de là, une estrade pour la musique. Telle est la topographie de ce Temple de douleur. Toute la Place était entourée des bataillons de Volontaires et de la Garde Nationale de la ville; derrière les corps armés, une foule innombrable de Peuple en silence, l'âme occupée des causes de ce rassemblement, plein d'un sentiment profond de haine pour les tyrans et de respect pour leurs victimes. Les fenêtres en grand nombre, qui ont vue sur cette place, étaient garnies de spectateurs, ce qui faisait un coup d'œil pittoresque. Dès que les corps furent placés, la cérémonie commença; une musique lugubre, dont les instruments avaient des sourdines, s'emparant de toutes nos sensations, nous plongea dans une tristesse profonde; ensuite la musique devenant plus vive, nous faisait passer de la douleur à la soif de la vengeance; et successivement promenés des sons déchirants aux sons de fureur, nous nous croyions tous à la catastrophe de la Saint-Laurent. Alors l'Orateur monte à la tribune; l'Abbé Grange, chargé de prononcer l'éloge funèbre des Citoyens morts pour la patrie, devant douze mille de leurs frères, avait le deuil dans le cœur, dans l'attitude, dans le costume :

un habit noir, une chevelure sans poudre, un grand chapeau couvert d'un immense crêpe, qui retombait sur les épaules. Arrivé à la tribune, il fixe tout son auditoire : il veut parler, la douleur arrête sa langue, des sanglots étouffent sa voix, ses bras seuls s'expriment par des gestes animés, par la seule passion qui domine l'auditoire ; enfin il conquiert son organe, les paroles s'échappent ; des phrases fortes, mais coupées de grands sentiments en désordre ; de grandes vérités, l'exécration des tyrans, qui, toujours les mêmes dans tous les siècles, firent, le même jour auquel il parlait, le 24 août 1572, dans le même empire et dans la même circonstance, couler le sang humain à grands flots, dans la capitale et dans les provinces. Telle fut la contexture de cette pièce vraiment éloquente, de cette oraison funèbre de la tyrannie et de la royauté. La musique succéda à l'orateur : d'abord, une symphonie funèbre, ensuite un trio, d'une composition excellente, où l'on promet aux mânes plaintives d'autres victimes de la tyrannie, la vengeance du ciel, des remords et des armes ; après quoi, on entonna la fameuse hymne : *Aux armes, Citoyens !* dont le refrain était chanté en grand chœur et avec la plus forte expression, par tous les spectateurs, hommes, femmes et enfants ; tous, sans exception, militaires, généraux, députés, invitaient par leurs chants les citoyens à détruire les tigres qui dévorent l'humanité, et à consolider, par les armes, le règne de l'égalité ; et tous par un mouvement spontané, levant leurs chapeaux en l'air, firent retentir la voûte étoilée des acclamations : *vive la Liberté, vive l'Egalité, plus de rois, vivent les Commissaires, vive l'Assemblée Nationale, vivent les dignes représentants qui ont sauvé la Patrie, vive notre Général Montesquiou, qui nous mènera à Chambéry !* A ce dernier cri, souvent répété, tous les militaires agitaient leurs armes, poussaient leurs rangs près du général, et de leurs gestes, et de toute la force de leurs organes, tâchaient de faire passer dans son cœur ce vœu qui les dévore ! Enfin, les Commissaires, fatigués, partent pour mettre quelques instants de repos entre leur arrivée de Barraux et leur départ pour Valence ; tous les corps constitués confondus, et les bras entrelacés, les accompagnent au milieu d'un bataillon de gardes nationales, jusqu'à leur logement. Là on leur témoigne la douleur de les quitter : ils font avec sensibilité leurs adieux à ces braves citoyens, toujours dignes d'être les fils aînés de la Liberté ; on se quitte avec douleur, et l'on rentre chez soi, la tête échauffée par ces grandes images, le cœur oppressé par le sentiment pénible de la tristesse, par le sentiment violent de l'indignation et de la vengeance, modifié par le doux et nouveau sentiment de la fraternité.

Telle est la description de cette Fête Nationale, dont le grand effet est dû à l'énergie Française, au silence de la nuit, à la grandeur du temple, qui n'avait pour bornes que le ciel, et au magnétisme qu'a fait circuler l'art de la décoration, de l'harmonie et de l'éloquence.

MUSIQUE.

Début :

L'ouverture de Démophon, par Cherouhino.
L'ouverture des Rigueurs du Cloître, opéra de Le Breton.
Quatuor de Dardanus : Mânes plaintives, Tristes victimes, Nous jurons d'immoler.
Symphonie militaire du sieur Lintant.
Aux armes, Citoyens! etc.

INSCRIPTIONS DE LA PYRAMIDE.

Ils sont morts, et les tyrans vivent ?
Oh ! tyrannie, ce sera le dernier de tes crimes.
Ombres fières, apaisez-vous : nous vous promettons une hécatombe de tyrans.

Liberté, Egalité, Philosophie, Philanthropie.

La présence des commissaires de l'Assemblée législative donna lieu à des intrigues dans l'armée des Alpes, et c'est probablement à quelques instigations étrangères, peut-être aux menées du conseil exécutif provisoire, qu'est due la dénonciation faite vers le 10 septembre par plusieurs citoyens de Grenoble contre le général *Montesquiou*. On l'accusait d'avoir été l'ami de Lafayette ; d'avoir blâmé à Grenoble, au mois de mai, des chasseurs du 4e régiment qui avaient jeté les plumets blancs de leur casque dans le bassin du jet-d'eau au jardin de ville ; d'avoir fixé son quartier général à Bourgoin ; d'avoir refusé de dégarnir son armée ; de n'avoir pas envahi immédiatement la Savoie ; d'avoir fait un voyage suspect à Paris ; d'avoir fatigué ses troupes par des contre-marches, et autres griefs aussi insignifiants. Cette dénonciation fut portée au conseil du département, qui l'appuya et qui se hâta de l'envoyer à Paris par un courrier extraordinaire ; dans la séance de la Convention du 23 septembre, Montesquiou fut destitué de ses fonctions de chef de l'armée des Alpes. Pendant ce temps-là, il se vengeait noblement de ces accusations en envahissant la Savoie à la tête des braves volontaires du Dauphiné, et en faisant en peu de jours la conquête de tout le pays. A son entrée à Chambéry, il trouva les rues tapissées du long manifeste du roi de Piémont ; il défendit de rien arracher, et fit afficher seulement à côté les quelques mots suivants :

AU NOM DU PEUPLE FRANÇAIS :

GUERRE AUX DESPOTES,
PAIX ET LIBERTÉ AUX PEUPLES!

Le général de l'armée française,
Signé MONTESQUIOU.

Chambéry, 26 septembre 1792.

Par un décret du 27 novembre, la Savoie était réunie à la France et formait le département du Mont-Blanc.

Dans l'intervalle de ces événements et conformément au décret du 21 août, les électeurs du département de l'Isère nommés dans les assemblées primaires s'étaient réunis une première fois, le 2 septembre, à Vienne, lieu désigné pour procéder à l'élection des membres de la future Convention nationale. Ces élections, qui se terminèrent le 11 septembre, se firent sous l'influence de la pression révolutionnaire. On en jugera par ce passage du journal de Grenoble le *Courrier patriotique* (16 septembre 1792, n° 92) : « Nos lecteurs nous sauront gré de leur apprendre que les électeurs, pendant leur séjour à Vienne, ont constamment porté le bonnet rouge, bonnet de la liberté ; *nul n'était admis à voter s'il n'en était décoré.* »

Les députés envoyés à la Convention par le département de l'Isère furent :

Baudran (Mathieu), juge du district de Vienne ;

Genevois (Louis-Benoît), président du tribunal du district de Grenoble ;

Servonat (J.-Sébastien), juge de paix à Mont-Severoux ;

Amar (André), vice-président du directoire du district de Grenoble ;

Prunelle-Delierre, maire de Grenoble ;

Réal (André), président du district de Grenoble ;

Boissieu (Joseph-Pierre-Didier), de Saint-Marcellin, administrateur du département ;

Genissieu (Jean-Joseph-Victor), juge et administrateur du district de Grenoble ;

Charrel (Pierre-François), homme de loi à Frontonas, membre du directoire du district de la Tour du Pin.

Les suppléants étaient : Alméras (François-Joseph), procureur-syndic du département ; de Comberousse (Benoît-Michel), membre du directoire ; Royer (Alexandre), président du tribunal de Bourgoin.

L'assemblée électorale du département se rendit un mois après à Saint-Marcellin, le 11 novembre, et resta réunie jusqu'au 18 du même mois ; elle nomma, le 17 novembre, un évêque, en remplacement de Pouchot, évêque de Grenoble, mort dans cette dernière ville le 7 septembre. Le choix de l'assemblée tomba sur Reymond (Henri), curé de Saint-Georges à Vienne. Il fut procédé auparavant au renouvellement de l'administration et du tribunal criminel du département et à la nomination d'un suppléant à la Convention (1). Les électeurs s'étaient ensuite réunis dans les chefs-lieux de leurs districts, pour renouveler leurs administrations et les tribunaux, pour élire les curés, etc. Le renouvellement des juges de paix et des greffiers s'était aussi fait dans les assemblées primaires ; enfin, celui des municipalités dans les assemblées des communes.

Le directoire du département était ainsi composé : Planta et Puis restèrent président et vice-président ; Orcellet, Royer, Duc, furent continués ; les autres membres nommés étaient Delhors (Jean-Baptiste), Comberousse (Benoît-Michel),

(1) Charrel, suppléant, avait remplacé Dubois-Crancé, nommé à la fois dans le département de l'Isère et dans un autre département.

Vignon (Antoine-Alexandre), Brenier-Montmorand (Antoine), Alméras (François-Joseph), procureur général syndic; Duport (Jean-Victor), secrétaire.

La composition du directoire du district de Grenoble était la suivante : Boisverd (François-Auguste-Reymond), président; Belluard (Louis-M.), Giroud (Pierre), Fontaine (André-Barthélemy), Cros (Jean-François), Hilaire (Jean-François), procureur-syndic; Gautier (Melchior), secrétaire.

Il n'y eut pas de changement pour les juges de paix de Grenoble.

La municipalité de cette ville fut renouvelée en décembre; voici les noms des membres qui sortirent de l'urne du scrutin :

CORPS MUNICIPAL.

De Barral (Joseph-Marie), maire.

Teisseire (Hyacinthe-Camille), liquoriste; Périer (Claude), négociant; Marcel (Etienne), ancien employé d'administration; Raffin (Pierre), peigneur de chanvre; Dalban (Jean-Baptiste), ancien procureur au bailliage; Charvin (Gabriel) fils, gantier; Rosset-Bressand (Charles), cultivateur; Guédy (Jean-Pierre), ancien procureur au parlement de Grenoble; Gonnet (Etienne) fils, gantier; Accarier (Pierre-Adrien), notaire; Hache (Jean-François) aîné, ébéniste; Ollagnier (Gilles), orfèvre; Vallier (Claude) cadet, marchand de draps; Trouilloud (Etienne), notaire, officiers municipaux;

Barthelon (Jean-Joseph), ancien procureur au parlement, procureur de la commune.

Blanc (Pierre-Roch-André), ancien procureur au bailliage du Graisivaudan, substitut du procureur de la commune.

NOTABLES.

Bonin (Charles), ferblantier; Dantard (Louis-Joseph), juge de paix; Lamouroux (André), payeur du département; Arthaud (Pierre-François), notaire; Breton (Pierre), apothicaire; Hélie (Jean-Baptiste), ancien curé de la cathédrale, premier vicaire épiscopal; Pison (Alexis-François), premier juge au tribunal civil du district de Grenoble; Belair (Jean-Adam), maître à danser; Botut (Alexandre) fils, négociant; Couturier (Jacques-Nicolas-Joseph), ancien homme de loi, accusateur public près du tribunal criminel du département de l'Isère; Navizet (François) père, chamoiseur; Dupuys (Etienne), employé; Duport (Alexandre-Joseph), juge au tribunal civil du district de Grenoble; Ferrouillat (André), confiseur; Mérand (Antoine) aîné, cultivateur; Berthon (Louis), second vicaire épiscopal; Cheminade (Charles) aîné, cartier; Fantin (Jean), homme de loi; Michal (Antoine) père, marchand de draps; Morénas (Jean-Louis), ancien procureur au bailliage du Graisivaudan; Grange (Louis), vicaire épiscopal; Perrotin (Sixte-François) aîné, ancien procureur au parlement; Laurent (Jacques-François), ancien procureur au bailliage du Graisivaudan; Mallein (Jean-Baptiste-Abraham), juge de paix du canton de Grenoble; Pirot (Jean-Louis), orfèvre; Royer-Desgranges (Jean-François), homme de loi; Blachier (Jean-Louis), garde-magasin des vivres; Buisson (Louis) neveu, marchand de draps; Ducruy (Claude), gantier; Lemaître (Joseph-Antoine), président du tribunal criminel du département de l'Isère, notables;

Installés le dimanche 16 décembre 1792.

Barral (ex-marquis de Montferrat) avait déjà été maire en 1790; c'était un ancien président au parlement de Grenoble, et il fut presque le seul de son corps qui embrassât franchement, en 1789, les principes de la révolution. C'était un homme au fond humain et loyal, mais d'un caractère faible, cédant facilement à l'influence de son entourage, recherchant la popularité et voulant, autant que possible, ménager tout le monde. Il ne manquait pas d'ambition; il espérait parvenir, mais il s'aperçut trop tard que sa qualité d'ex-noble lui fermait toutes les carrières. Ce ne fut que sous l'empire qu'il obtint le titre de baron, et fut nommé premier président à la cour impériale et député au corps législatif. Au commencement de la révolution, il avait vendu sa terre de Montferrat, en mettant pour condition qu'on démolirait le château. Il tenait à se *démarquiser* complétement.

Le nouveau conseil municipal était composé en général d'éléments moins démocratiques que l'ancien. La fâcheuse impression produite par les massacres de septembre et par l'anarchie qui s'étendait partout n'avait pas été étrangère à cette espèce de réaction.

Pendant ce temps-là, en effet, la révolution avait marché. Depuis le 10 août, l'Assemblée législative s'était vue annihilée par l'influence de la commune de Paris. Une armée de puissances coalisées contre la France avait envahi les provinces de l'est et marchait victorieuse sur la capitale. Verdun s'était rendu et la commune avait profité de la stupeur générale pour faire massacrer, le 1er et le 2 septembre, les nombreux prisonniers politiques qui encombraient les maisons de détention de Paris. Heureusement Dumouriez avait repoussé l'ennemi le 20 septembre, au moment même où l'Assemblée législative venait d'être remplacée par la *Convention nationale*. Un des premiers actes de celle-ci avait été d'abolir la royauté et de proclamer la République le 20 septembre 1792.

A Grenoble, les sections se réunirent le 14 octobre pour applaudir et adhérer à ces premiers actes de la nouvelle assemblée. On fit en même temps signer à un grand nombre de citoyens l'adresse suivante, destinée à la Convention :

Adresse des citoyens de Grenoble.

Citoyens législateurs,

Vos premiers pas dans la carrière glorieuse où la confiance générale vous a appelés ont été des pas de géant. Vous avez posé les vraies bases de la liberté universelle en rendant au peuple le droit imprescriptible de sanctionner toutes les lois constitutionnelles; en abolissant la royauté, cette lèpre invétérée qui dévorait la France depuis quatorze siècles ; en décrétant l'unité et l'indivisibilité de la République. Ces trois décrets sont grands, salutaires et dignes de la majesté du peuple que vous représentez ; partout ils ont été reçus comme des gages infaillibles de la félicité publique, partout ils ont excité l'admiration et l'enthousiasme.

Législateurs, vous avez en un seul jour réparé les fautes, les erreurs, les trahisons accumulées sous deux législatures. Encore un effort, et vous rendrez votre ouvrage éternel comme notre reconnaissance. Ce n'est pas assez d'avoir mis les personnes et les propriétés sous la sauvegarde de la loi ; vous n'avez rien fait pour leur sûreté, si vous n'enchaînez pas encore à vos pieds, si vous n'étouffez pas la faction homicide qui, après l'immortelle journée du 10 août, a couvert la statue de la liberté d'un voile funèbre trempé dans le sang humain. Que désormais toutes les têtes fléchissent sous le joug tutélaire de la loi ou *tombent sous son glaive redoutable*. Le véritable républicain n'affecte d'autre empire que celui de la raison et de la vertu, car sans la vertu la République ne saurait subsister. S'il cherche à dominer, c'est par l'amour de l'ordre et de la justice, par son obéissance aux lois, par son respect pour les autorités légitimes, par sa modération et son attachement à ses devoirs, par ses sacrifices et son dévouement à la patrie. C'est ainsi que pendant le cours orageux de la révolution, les citoyens de Grenoble et du département de l'Isère ont aimé à se distinguer, et c'est là la seule supériorité qu'ils soient disposés à reconnaître et à souffrir dans les autres.

Les autres corps constitués du département rédigèrent également des adresses semblables, plus ou moins énergiques.

Les illusions que l'on s'était faites à Grenoble sur le rétablissement de l'union et de la concorde ne furent pas de longue durée ; on s'aperçut bientôt que la chute de la royauté, loin d'apaiser les dissensions, n'avait fait que les ranimer. Le despotisme sanglant qui pesait sur la capitale ne pouvait pas d'ailleurs trouver beaucoup de sympathies parmi nous. On voyait avec peine l'omnipotence que s'attribuait la commune de Paris ; on craignait avec raison qu'elle ne finit par enchaîner la Convention. Aussi dans notre cité la plus grande partie des citoyens s'étaient rangés du côté du parti *girondin*. Fatigué de ces luttes qui se renouvelaient sans cesse et menaçaient d'entraîner la ruine de la République, le conseil général du département de l'Isère, sur la proposition de Planta, se décida à envoyer à la Convention l'adresse suivante :

Adresse du conseil général du département de l'Isère à la Convention nationale.

Citoyens législateurs,

La royauté n'est plus; nos armées sont triomphantes; par quelle fatalité, lorsque les airs ne devraient retentir que des cris de la victoire, sommes-nous obligés de vous faire entendre les accents de la douleur ! La royauté n'est plus, et nous voyons autour de vous, au milieu de vous, des factieux, des agitateurs qui prétendent dominer la souveraineté nationale !

La royauté n'est plus; vous avez proclamé l'unité de la République, l'égalité en est la base, et une faible portion de la République semble vouloir jouir seule des droits de tous, puiser seule dans le trésor public et rendre tous les départements ses tributaires. Citoyens, la *commune de Paris doit un compte*, il faut qu'il soit rendu.

Une horde de brigands et d'assassins a compromis l'honneur français par les meurtres des 2 et 3 septembre : il faut qu'ils périssent sous le glaive de la loi.

Des tribunes stipendiées prétendent dicter des lois à la Convention, faire fléchir sous leurs clameurs la volonté nationale : il faut qu'elles soient réduites au silence. Une minorité rebelle déploie toute son audace, lutte avec indécence contre le vœu de la majorité : qu'elle émette librement son opinion, mais qu'elle sache céder à la volonté générale.

Législateurs, connaissez et vos droits et vos devoirs : sachez vous respecter et vous faire respecter; sachez mourir, s'il le faut, pour le salut de la chose publique. Croiriez vous donc votre vie plus précieuse que celle de tant de héros qui ont péri pour la liberté! Vous êtes, il est vrai, les fondateurs et l'espoir de la République, mais ces titres glorieux vous imposent d'honorables sacrifices. Lorsque l'état est en danger, c'est à vous de donner l'exemple; la patrie attend tout de vos lumières et de votre courage.

Si votre translation est devenue nécessaire, législateurs, parlez : vos frères sont là, une force départementale vous environne: factieux, agitateurs, et vous, tyrans de la terre, nos bras sont armés, et, nous vous le disons pour la dernière fois, le peuple français ne veut ni roi, ni dictateurs, ni triumvirs : il veut être libre; sa volonté est immuable, il sera libre ou le dernier des Français périra.

A ces accents, citoyens de toute la République, reconnaissez les habitants de l'Isère.

Fait et arrêté au conseil général du département de l'Isère, séant à Grenoble, en surveillance permanente, le 7 janvier 1793, l'an second de la République française.

Certifié conforme à l'original,

Signé: PLANTA, *président.*
DUPORT, *secrétaire.*

Le conseil se plaignit aussi à la Convention de ce que la liquidation et le paiement des créances et des pensions dues par l'état s'effectuaient sans difficulté à Paris et difficilement dans la province.

Le procès du roi vint faire diversion aux querelles des partis. On suivit avec anxiété les phases des débats ; bientôt on apprit la condamnation à mort de Louis XVI et son exécution le 21 janvier 1793. Parmi les députés de l'Isère, Baudran, Genevois, Amar, Genissieu, Charrel avaient voté pour la peine de mort ; Servonat, Réal, Prunelle-Delierre et Boissieu s'étaient prononcés pour la détention ou le bannissement. Cette nouvelle, au rapport de tous les contemporains que nous avons consultés, produisit à Grenoble une impression générale de tristesse et de stupeur ; les plus exaltés eux-mêmes n'osèrent faire éclater leur joie. Ce ne fut que le 12 février, et à l'instigation de Paris, que le département envoya une courte adresse d'adhésion à la Convention. Le 19 février, la commune décida « *qu'à l'exemple des autres autorités elle devait aussi faire une adresse sur les circonstances présentes.* » La rédaction suivante, proposée par Hélie, fut adoptée :

Législateurs,

Rassemblés au nom du peuple français, vous avez déployé toute sa force et sa majesté. La tête du tyran tombe ; à l'instant, les factions qui déchiraient la République se sont évanouies. Les malveillants et les ambitieux, privés de tout point de ralliement, dévorent en secret leur honte et leur rage impuissantes. Législateurs, vos assemblées, devenues plus calmes, ne respirent que l'union et l'amour du bien public, et les départements en éprouvent déjà les heureuses influences. Vous n'avez plus rien qui puisse vous arrêter dans la carrière que vous avez à parcourir. Donnez-nous au plus tôt la Constitution. Cette Constitution lumineuse et sage, telle que nous avons droit de l'attendre de vous, plus forte que nos armées victorieuses, fera bientôt le tour du monde et arrachera les despotes de leur trône pour le bonheur des humains. Tels sont les sentiments des citoyens composant le conseil général de la commune de Grenoble, qui ont vu jaillir dans leurs murs la première étincelle de la liberté.

Cependant, tout se préparait pour une guerre terrible. L'exécution de Louis XVI avait été un défi jeté à l'Europe; ce défi avait été relevé par l'Angleterre, la Hollande, l'Espagne, toute la Confédération germanique, la Bavière, la Souabe, l'électeur palatin, Naples, etc. Tous s'apprêtaient à marcher contre la France; d'un autre côté, la Vendée commençait à s'agiter et préludait à cette révolte générale qui mit la République dans le plus grand danger.

Pour faire face à tant d'ennemis, la Convention prit les résolutions les plus énergiques. Ainsi, elle créa, le 10 mars, un tribunal extraordinaire, dit *Tribunal révolutionnaire*, composé de neuf membres, jugeant sans appel, et qui était destiné à punir les ennemis de l'intérieur. Elle ordonna une réquisition de trois cent mille hommes dans toute la France; le contingent que fournit alors le département de l'Isère s'éleva à 4,025 hommes, dont 150 appartenaient à Grenoble (19 mars 1793).

Kellermann, général de l'armée des Alpes, était arrivé dans notre ville le 4 février et avait fait armer la place. On fut obligé de démolir plusieurs maisons des faubourgs qui pouvaient favoriser l'approche de l'ennemi. La garde nationale s'exerçait tous les jours, et, çà et là, s'organisaient des compagnies franches, prêtes à décimer l'ennemi qui aurait tenté d'envahir nos Alpes. Grenoble était un point central de réunion; on y vit bientôt affluer (en mars, avril, mai) une masse de volontaires venus de tous les départements voisins.

La nouvelle de la défection de Dumouriez y amena un moment de découragement qu'effaça bientôt l'enthousiasme républicain, et, le 8 avril, la garnison et la garde nationale prirent les armes et se rendirent, avec les autorités constituées, sur la place de la Liberté (place Grenette). On y lut le décret du 3 avril concernant Dumouriez, et cette lecture fut suivie du serment unanime d'exterminer tous ceux qui demanderaient un roi.

Au fléau de la guerre se joignait à cette époque la famine qui se faisait sentir à Grenoble comme dans toute la France. Il ne faut pas oublier, du reste, que la famine fut notre état normal pendant les deux années de cette histoire. Nos paysans acceptaient difficilement les assignats, qui ne perdaient pourtant alors que 40 pour %; ils préféraient garder leurs grains et les cacher pour des temps meilleurs. D'un autre côté, les accusations d'accaparement et les violences qui en étaient la suite entravaient la circulation de toutes les denrées.

On en eut un triste exemple, à Grenoble, le 27 et le 28 février et le 2 mars; ces jours-là, exaspérés par la cherté du blé, des perturbateurs, parmi lesquels on remarquait un très-grand nombre de femmes, voulurent d'abord taxer les grains au marché et les pillèrent ensuite. Ils firent en même temps des visites domiciliaires chez divers citoyens que l'on soupçonnait coupables d'accaparement. Chanrion aîné sauva la vie, dans cette circonstance, à J..... qu'on se disposait à pendre sans autre forme de procès; on l'accusait d'avoir jeté du blé dans le Verderet. Chanrion parut au milieu des masses exaspérées, approuva hautement la punition, mais ajouta qu'avant de sévir il fallait être sûr du crime. Des délégués furent choisis, et l'inspection des lieux prouvant l'innocence de J....., la foule se dispersa.

La municipalité prit des mesures énergiques pour réprimer les désordres; elle opéra quelques arrestations, et la tranquillité se rétablit. Elle fit plus: aidée du concours des bons citoyens de tous les partis, elle vint à l'aide de la misère du peuple; elle accorda aux pauvres des cartes pour obtenir du *pain de secours* qui ne coûtait que trois sous la livre ; elle fit publier partout qu'on pouvait apporter sans crainte du blé au marché, et elle paya une indemnité de six mille soixante-deux livres aux personnes dont les grains avaient été pillés à la fin de février; on réclama en même temps, énergiquement, des secours de la Convention nationale (7 avril).

Grenoble jouit, pendant quelque temps, d'un peu de tranquillité. Par ordre supérieur on y faisait bien de temps en temps des visites domiciliaires (25 mars et 3 avril) plus vexatoires, il est vrai, que dangereuses; on commençait même à s'y habituer ; dans la dernière on arrêta deux personnes seulement; l'une fut relâchée le lendemain, l'autre était un curé insermenté qu'on incarcéra. Les autorités, qui faisaient alors une rude guerre aux prêtres réfractaires, étaient plus indulgentes pour les aristocrates et les modérés ; le désarmement de cette classe de citoyens suspects, prescrit par la loi du 26 mars, se faisait très-mollement dans les sections. On repoussa avec énergie à la commune et à la société populaire la proposition faite par trois députés du club de Marseille (18 avril), de demander la destitution des députés à la Convention qui avaient voté pour l'appel au peuple dans le procès de Louis XVI.

On respirait donc à Grenoble, lorsqu'on y apprit que le 21 avril étaient arrivés les représentants Amar et Merlinot, chargés d'accélérer le recrutement dans les départements de l'Ain et de l'Isère. Ils avaient appris avec peine et étonnement que l'on était tranquille à Grenoble et que la *modération y était à l'ordre du jour*. Sur-le-champ ils avaient convoqué pour le lendemain le conseil général du département et du district; Amar y prit la parole. « Il a prononcé, dit le *Courrier patriotique*, un discours plein d'éloquence, dans lequel il a démontré que les troubles qui agitent les diverses parties de

« la République ne sont que l'ouvrage de l'*aristocratie* et « l'effet funeste des *modérés* qui, amis inactifs de la liberté, « ont abandonné la surveillance nécessaire pour en assurer « enfin le règne paisible. Plus de modérés ! que le patrio- « tisme veille ! etc. » Il prouva ensuite que la circulation des grains devait être libre, ajoutant que la cherté des subsistances était due à la trop grande abondance du numéraire.

Les représentants se rendirent immédiatement à la Société populaire, où ils soutinrent et développèrent les mêmes thèses. Amar invita à la fin ses concitoyens « à se tenir sans « cesse en éveil contre les ennemis de la patrie qui machi- « nent sourdement sa perte, et à quitter pour toujours cette « insouciance léthargique, signe funeste de la mort politi- « que. » *(Courrier patriotique.)*

Grange, vicaire épiscopal et président du club, répondit :

« Mandataires du peuple, nous méditerons dans le recueil- « lement les principes sacrés que vous venez de développer ; « ils étaient dans nos cœurs, vous êtes témoins de l'attitude « républicaine de cette société. Dites à la Convention natio- « nale que la Société populaire de Grenoble n'a jamais vu « rétrograder l'esprit public qui l'animait dans les premiers « jours de la liberté ; dites que son respect pour les lois « égale sa vigilance révolutionnaire ; dites que jamais le mot « destructeur de *loi agraire* n'a souillé cette tribune et cette « enceinte ; que la société sera toujours l'égide des propriétés « territoriales et industrielles ; dites que nous bénissons les « dernières lois qui accélèrent le règne de l'égalité des droits, « l'égalité des successions, l'impôt progressif, le partage des « communaux, la proportion du salaire et des subsistances ; « dites que les Grenoblois, calmes et intrépides, s'élèvent à la « hauteur des grandes circonstances ; qu'il n'est pas étonnant « qu'une ville qui a jeté le premier cri de la liberté ressente « les premiers effets de son heureuse influence ; dites que « si le flambeau du patriotisme venait à s'éteindre, nous

« recueillerions les étincelles que vous laissez parmi nous, « et que son feu sacré nous consumerait toujours. »

Le 26 avril, les représentants passèrent en revue les gardes nationaux sur la place de la Liberté ; Amar leur adressa une chaleureuse allocution et leur fit prêter serment de fidélité à la République.

Après avoir ainsi sondé l'opinion publique, Amar et Merlinot se rendirent le même jour dans la salle où le conseil du département tenait ses séances ; là, ils communiquèrent un arrêté qu'ils avaient pris *pour le bonheur public et l'intérêt commun.*

Voici les dispositions principales de cet arrêté :

1° On mettra en état d'arrestation les citoyens notoirement suspects dont la liste sera remise par les commissaires de la Convention. Les personnes simplement suspectes ne seront que désarmées, surveillées et soumises à l'appel nominal.

2° On mettra pareillement en état d'arrestation tous les citoyens qui à l'avenir seraient dénoncés par six personnes.

3° Le couvent de Sainte Marie d'en Haut ou tel autre lieu que l'on indiquera sera le lieu de détention.

4° Les hommes y seront séparés d'avec les femmes.

5° Toute communication extérieure sera interdite aux détenus.

6° On fournira le nécessaire aux détenus qui en manqueraient.

Amar ajouta que des circonstances malheureuses produites par les ennemis de la révolution avaient amené les funestes événements de septembre, mais qu'il était convaincu que rien de semblable n'arriverait dans la cité.

Cette espèce de doute, cette espèce d'assimilation de la population grenobloise à la plèbe parisienne, produisit l'impression la plus pénible. Barral, qui n'était pas pourtant très-ferme, répondit avec énergie : « Les magistrats du « peuple n'auront jamais à lutter contre de pareils malheurs, « et si, par impossible, des monstres voulaient les renouveler, « ils ne pourraient réussir qu'après avoir foulé aux pieds les « corps palpitants des hommes investis de la confiance du

« peuple ! » Cette réponse fut couverte par des applaudissements plusieurs fois répétés.

Les commissaires de la Convention se rendirent ensuite à l'église des Jacobins, où étaient réunies les sections ; là, Amar invita de nouveau les citoyens à exercer une surveillance active sur les ennemis de la Révolution. Dès le lendemain, et pendant la nuit du 27 au 28, des gendarmes et des agents de police, au refus de la garde nationale, arrêtèrent les citoyens désignés et les conduisirent à Sainte-Marie-d'en-Haut. Le 28, les commissaires de la Convention destituèrent, pour cause d'incivisme, deux lieutenants-colonels et un autre officier des volontaires en garnison dans la ville ; ils intimèrent l'ordre à Vallet fils, rédacteur depuis six mois du *Courrier patriotique*, de quitter la rédaction de ce journal qu'ils ne trouvaient plus assez énergique ; ils partirent enfin le 29 pour les autres districts, où ils dressèrent de semblables listes de proscription.

Les notoirement suspects arrêtés le 28 étaient au nombre de trente-trois seulement ; quatre-vingt-dix environ, prévenus à temps, purent se soustraire aux recherches (1). Parmi ceux qui furent arrêtés, nous citerons Mme de Viennois et sa fille, Mme Poussielgue, César de Chaléon, sa femme et son fils Pierre-Félix, de Reynaud, de Langon, de Bardonenche, le docteur Clapier, Revol (Hippolyte), ex-procureur ; Toscan, notaire ; Teisseire (Antoine), etc.

Après le départ des proconsuls, l'agitation qu'ils avaient produite se calma peu à peu. La 7e section avait déclaré, le 26 avril, dans une délibération, que Périer, Dalban, Guédy, Hache, Vallier, officiers municipaux ; Barthelon, procureur de la commune ; Hélie, notable, et Julien, secrétaire, ne possédaient plus sa confiance. Cette déclaration, soumise aux autres sections, fut repoussée partout et n'eut pas de suites.

---

(1) Parmi eux se trouvaient Ralliane, de Lagrée, prêtres ; Simon de Pina ; Duchadeau, médecin ; Dumas aîné, avocat ; Chanoine, médecin ; l'abbé Gattel, etc.

Dans le courant de mai, on reçut à Grenoble la loi du 2 mai, qui décidait qu'il y aurait, pour le prix des céréales, pendant un temps déterminé, un *maximum relatif et décroissant*. Cette atteinte à la liberté du commerce devait avoir les conséquences les plus fâcheuses. La loi portait que tout marchand, cultivateur ou propriétaire de grains et farines serait tenu d'en déclarer la quantité et la nature à la municipalité du lieu de son domicile ; que le prix maximum actuel serait conservé, mais qu'il diminuerait d'un dixième de mois en mois. Heureusement que ce décret ne fut qu'imparfaitement exécuté à Grenoble, et que la municipalité avait eu soin de faire acheter à l'étranger des quantités considérables de blé : la disette devint tolérable en mai.

A la fin de ce mois commencèrent les premiers troubles de Lyon; le 27, l'ordre fut donné à Chambéry de diriger un bataillon de l'armée des Alpes sur le département du Rhône. Le 2 juin, le quartier général de l'armée des Alpes était fixé à Grenoble où se rendirent Dubois-Crancé, Albitte et Kellermann.

Les nouvelles de Lyon devenaient de plus en plus fâcheuses, lorsque, dans les premiers jours de juin, le bruit se répandit que la Convention avait cessé d'être libre; que, cernée par les satellites de la commune, elle avait été forcée de consentir à l'arrestation des Girondins. Les autorités de notre ville et la plupart des citoyens s'étaient rangés, comme nous l'avons dit, du côté des modérés ; la nouvelle des événements du 31 mai produisit donc une impression profonde. Le président du département, Planta, homme prompt à prendre une résolution énergique, mais dont l'énergie ne durait pas longtemps, assembla immédiatement le conseil du département, celui du district et de la commune de Grenoble, ainsi que les corps judiciaires et les commissaires des sept sections de la ville. On adopta dans cette assemblée, à une immense majorité, l'arrêté suivant, en date du 8 juin 1793 :

L'Assemblée, justement alarmée des funestes événements qui se sont succédé à Paris, dont le résultat a été de mettre en état d'arrestation un grand nombre de députés à la Convention, sur des réquisitions faites à main armée ;

Considérant que les mouvements séditieux qui ont produit ces arrestations tendent à avilir et à subjuguer la représentation nationale et à mettre la République sous un joug plus cruel que celui qui vient d'être brisé ; que les attentats multipliés, portés à la liberté des opinions et des individus, sont une usurpation manifeste des droits du souverain et de véritables crimes de lèse-nation ; que dans un danger aussi éminent, il ne reste d'autres ressources que l'appel au peuple ;

A arrêté et arrête ce qui suit :

ART. 1er. — Toutes les communes du département sont invitées à se réunir en assemblées primaires, par canton, le dimanche 16 juin 1793, et à prêter, avant aucune délibération, le même serment (1) qui qui a été prêté à l'ouverture de la présente séance.

ART. 2. — Chaque assemblée primaire nommera un député et l'investira de tous les pouvoirs nécessaires pour se rendre à Grenoble le jeudi 20 du présent mois, se réunir aux députés des autres assemblées primaires, y délibérer et prendre toutes les mesures de sûreté générale exigées par les circonstances.

ART. 3. — Le procès-verbal de la présente séance sera imprimé, publié et affiché dans toutes les communes du département. Il sera, en outre, adressé à la Convention nationale, aux quarante-huit sections de Paris et à tous les départements de la République.

ART. 4. Le directoire du département est chargé de faire toutes les diligences nécessaires pour l'exécution du présent arrêté. Lecture faite du procès-verbal ci-dessus, il a été approuvé et les délibérants ont signé.

Cet arrêté fut exécuté ; l'assemblée se déclara en permanence ainsi que les commissaires réunis des sections de la ville.

Dans la séance extraordinaire tenue par le conseil du département de l'Isère le 10, on décida, entre autres mesures, qu'un petit écrit dans le sens girondin intitulé *Les Nantais à tous les départements de la République* serait réimprimé et tiré à deux mille exemplaires pour être distribué aux

(1) Serment de maintenir l'unité et l'indivisibilité de la République, la stabilité et l'inviolabilité de la Convention. On commençait à abuser du serment.

citoyens et envoyé à toutes les communes du département; on fit également imprimer une lettre écrite le 5 juin aux administrateurs de l'Isère, par deux de nos représentants à la Convention, Baudran et Servonat. Cette lettre fut publiée et affichée partout (1). Le conseil se mit en relation avec les autorités de Lyon où Orcellet, administrateur du département, entretint une correspondance active avec Bourguignon-Dumolard.

Toutes les résolutions dont nous venons de parler étaient prises en présence des représentants du peuple Dubois-Crancé, Albitte et Gauthier, tous montagnards, et qui se trouvaient à la tête d'un corps de troupes considérable en garnison à Grenoble; mais telle était alors l'unanimité de l'opinion, qu'ils n'osèrent pas d'abord recourir à l'emploi de la force: ils se contentèrent de répandre immédiatement une proclamation très-adroite où ils s'efforçaient de justifier la commune de Paris et la Montagne du reproche de violence et d'usurpation qu'on leur adressait. Ils tâchaient de prouver que les députés qui composaient la Montagne avaient toujours été les véritables amis du peuple. « Ceux que l'on « dénonce, disaient-ils, comme anarchistes, désorganisateurs, « etc., sont les mêmes qu'avant le 10 août on appelait jaco- « bins, factieux, sans-culottes, républicains, tous termes « alors de proscription. Ce sont les mêmes que la cour et « Lafayette poursuivaient sous les noms les plus chiméri- « ques; ce sont des hommes qui, toujours en minorité mais « soutenus par la force des principes, le témoignage de leur « conscience et le bon esprit du peuple, ont depuis 1789 « défendu ses droits et uniquement ses droits, déjoué toutes « les intrigues, brisé toutes les coalitions, atterré le despo- « tisme. Ce sont des hommes qui ont montré un tel dévoue- « ment à la liberté, que si elle ne triomphe pas dans tout son

(1) Voir cette lettre, pièce justificative C.

« éclat, ils sont proscrits partout, et il n'existe pas dans « les quatre parties du monde une pierre où ils pourraient « en sécurité reposer leur tête; enfin ce sont ces hommes « contre lesquels Joseph II, roi de Hongrie, disait qu'il « s'armait; ces hommes que tous les despotes de l'univers « traitent de *régicides;* que Dumouriez, qui voulait rassembler « les débris du trône, venait combattre en respectant ce « qu'il appelait la partie saine de l'assemblée. » En terminant, ils invitaient tous les bons citoyens à continuer d'obéir à la Convention nationale; ils faisaient remarquer que depuis le triomphe de la Montagne on avait fait les utiles décrets sur le partage des biens communaux et qu'on allait s'occuper activement de la Constitution; enfin, ils faisaient apercevoir les dangers que courrait la France s'il survenait une scission entre les républicains dans un moment où l'ennemi menaçait nos frontières.

En même temps qu'ils lançaient cette proclamation, les représentants engageaient les membres montagnards qui formaient la minorité de la société populaire à se réunir pour neutraliser l'effet des mesures prises par le département. Les partisans de la Montagne s'assemblèrent, en effet, le 10 et le 11 juin et rédigèrent deux adresses, l'une pour le département où l'on demandait l'ajournement de l'arrêté du 8, en vertu duquel les assemblées primaires étaient convoquées, attendu, disait-on, que *dans ce moment il est difficile de juger sainement des choses;* qu'*il ne faut pas se presser de recourir à une mesure aussi extraordinaire, qui ne doit être employée qu'à la dernière nécessité, puisqu'elle tend à élever dans la république une deuxième représentation nationale;* dans l'autre adresse, destinée à la Convention, les signataires protestaient de leur amour pour l'ordre, de leur attachement inviolable aux principes républicains; ils pressaient la Convention de donner à la France une constitution, et finissaient par lui demander *de casser l'arrêté qu'avaient pris le 8 les autorités constituées de Grenoble, comme contraire aux principes de l'ordre et tendant à jeter l'alarme sans nécessité.* Ces deux pétitions étaient revêtues de 87 signatures ; elles avaient été rédigées par Couturier.

Pour se faire valoir, les représentants écrivirent à la Convention une lettre qui fut lue dans la séance du 16 (voy. *Moniteur* du 17 juin 1793, n° 168). Ils y annonçaient que des tentatives avaient été faites par l'administration du district pour porter atteinte à leur liberté, et que l'indignation que ces tentatives criminelles avaient excitée dans l'armée, et l'énergie des braves sans-culottes de Grenoble, avaient empêché l'exécution de l'ordre d'arrestation dont ils étaient menacés. Rien n'était plus faux ; il avait bien été question jusqu'alors de créer une *force départementale*, mais cette proposition était restée à l'état de projet ; on avait beaucoup parlé et peu agi, sans que la tranquillité eût été troublée, et jamais la liberté des représentants n'avait été sérieusement menacée. Loin de là, il existe dans les registres du conseil du département une délibération qui nomme des commissaires ayant la mission de se rendre à Lyon, où les représentants Gauthier et Nioche craignaient d'être retenus prisonniers. Ces commissaires étaient chargés de faire rendre aux représentants le respect et l'autorité qui leur étaient dus, et même de requérir, au besoin, pour cela la force armée du département de l'Isère. Plus tard, Couturier, accusateur public et montagnard exalté, fut arrêté à Lyon lors de son passage par cette ville pour se rendre à Paris où il avait été nommé juré au tribunal révolutionnaire ; il écrivit de Pierre-Seise, où il était détenu, pour implorer la protection de ses compatriotes ; aussitôt, le conseil du département envoya un commissaire à Lyon pour s'informer auprès de la municipalité provisoire des motifs de son arrestation et pour réclamer son élargissement. Cette demande fut appuyée par les sections de Grenoble et par les délégués des assemblées primaires. Couturier fut aussitôt relâché.

Les députés nommés par les assemblées primaires, ensuite de l'arrêté du 8, se réunirent le 20 à Grenoble ; le premier jour, ils s'occupèrent à se constituer et à vérifier leurs pouvoirs. Le 21, ils prêtèrent tous individuellement le serment de maintenir la liberté et l'égalité, l'unité et l'indivisibilité de la République, la stabilité et l'inviolabilité de la Convention, de résister à toute espèce de tyrannie et d'oppression, et de mourir plutôt que de violer ce serment. Ils jurèrent également de ne point se séparer sans avoir obtenu réparation des outrages faits à la nation entière, en la personne de ses représentants. Ils se constituèrent ensuite en *Assemblée des délégués immédiats de la section du peuple français dans le département de l'Isère.*

Les jours suivants, l'assemblée continua à s'organiser ; elle se nomma un comité de salut public. Le 24 juin, on n'avait encore arrêté aucune des mesures de sûreté dont il avait d'abord été question. Le rapport à faire à ce sujet avait été renvoyé au comité de salut public ; celui-ci s'en était occupé, et le projet devait être discuté incessamment. On attendait l'avis de Français de Nantes.

Pendant que l'assemblée perdait son temps à délibérer, Dubois-Crancé, Albitte et Gauthier agissaient : ils avaient soulevé tous les exaltés des clubs du département ; ils s'étaient assurés de l'armée et de la garde nationale de Grenoble ; le 25 juin, des sentinelles, placées par leurs ordres à la porte du quatrième bureau du directoire du département, chargé des municipalités et des élections, en avaient fermé l'entrée aux administrateurs et aux employés. Le 26, les délégués des assemblées primaires, voyant venir l'orage, se hâtèrent de s'ajourner indéfiniment ; mais avant de se séparer, ils nommèrent une commission composée de huit membres qui devait s'adjoindre au directoire du département et qui était chargée de convoquer l'assemblée, si les circonstances l'exigeaient ; ils nommèrent également deux commissaires qui devaient se rendre à Paris pour présenter une adresse à la Convention. Le lendemain, les représentants, faisant enfin acte d'autorité, prirent l'arrêté suivant qui fut adressé le 29 au directoire du département :

Les représentants du peuple, considérant qu'ils ont la preuve écrite que dans plusieurs départements, et notamment dans celui de l'Isère, quelques administrateurs ont tenté une coalition dont le but est d'établir le fédéralisme en créant dans leur département une assemblée représentative, et en formant ensuite dans un lieu convenu une autre assemblée, composée d'un ou plusieurs délégués des assemblées représentatives, ce qui ferait un véritable congrès destructif de la représentation nationale immédiate et de la souveraineté du peuple ;

Considérant qu'un semblable projet tend à rompre l'unité et l'indivisibilité de la République, ce qui occasionnerait indubitablement la guerre civile, puisque les décisions de ce congrès doivent être soutenues d'une *force départementale :*

Considérant que ceux qui ont conçu un projet aussi liberticide n'ont rien négligé pour égarer les citoyens ; qu'ils ont affecté de méconnaître la liberté de la Convention nationale ; qu'ils ont distribué avec profusion tous les écrits qui pouvaient accréditer une opinion aussi erronée, et qu'ils ont cherché à détruire les sociétés populaires qui s'occupaient à déjouer leurs complots et à soutenir les principes de l'égalité et de la liberté ;

Considérant qu'il ne suffit pas d'avoir dénoncé aux citoyens les auteurs de cette conspiration : qu'il faut encore soumettre leur conduite à l'examen des tribunaux et qu'il convient d'éloigner de l'administration les membres qui auraient favorisé l'exécution de ce projet par erreur ou par faiblesse ;

Considérant, enfin, que les administrateurs ne peuvent remplir utilement leurs fonctions qu'autant qu'ils restent investis de la confiance publique, et que les dénonciations multipliées qui ont été portées contre quelques-uns d'entre eux et les pétitions d'un grand nombre de citoyens, tendantes à leur suspension, ne permettent pas de leur conserver le caractère de fonctionnaires publics dans les circonstances où se trouve la République,

Ont arrêté :

Art. 1er. — Les citoyens Orcellet et Royer-Deloche, administrateurs du département de l'Isère, seront arrêtés et traduits au tribunal révolutionnaire établi à Paris ; à cet effet, tous dépositaires de la forcé armée sont requis, et tous les bons citoyens invités de s'assurer de leurs personnes et d'en donner immédiatement avis, soit aux repré sentants du peuple envoyés auprès de l'armée des Alpes, soit au directoire du département de l'Isère, qui donneront les ordres ultérieurs pour leur translation.

Art. 2. — Les citoyens Puis, vice-président du département de l'Isère; Royer et Delhors, membres du directoire du même département; Dumolard et Bérenger, administrateurs du même département, et Alméras, procureur général syndic, sont suspendus de leurs fonctions; il leur est défendu d'en continuer l'exercice sous peine de désobéissance à la loi.

Art. 3. — Les représentants du peuple commettent provisoirement les citoyens Suat, Verney, Chanrion et Gauthier, administrateurs du département, pour remplir les fonctions de membres du directoire au lieu et place de ceux suspendus par les articles précédents; ils commettent pareillement le citoyen Rodet, aussi administrateur du département, pour remplir les fonctions de procureur général syndic.

Art. 4. — Les administrateurs du département qui sont appelés au directoire et à la place du procureur général syndic, seront remplacés provisoirement par deux membres du conseil général de chaque district ci-après désignés : Les citoyens Blanc et Poignent, administrateurs du district de Grenoble; Doriol et Comberousse puîné, administrateurs du district de Vienne : Martel, maire, et Ogier, administrateur du district de Saint-Marcellin : Drevon et Vallet, administrateurs du district de la Tour du Pin (1).

Art. 5. — Le directoire du département élira, après sa nouvelle composition, un vice-président au lieu et place du citoyen Puis.

Art. 6. — Le citoyen Duport, secrétaire général du département, demeure aussi suspendu de ses fonctions, et le conseil général du département procédera à l'élection d'un autre citoyen pour le remplacer provisoirement.

Art. 7. — Il est défendu à tous les administrateurs, au procureur général syndic et au secrétaire suspendus de leurs fonctions de sortir

(1) L'administration départementale eut beaucoup de peine à se compléter. Le 11 juillet, par suite de démissions ou d'absences, le conseil d'administration était réduit à six membres, et le directoire à deux. Suat, Verney et Chanrion n'avaient pas accepté et avaient été remplacés par Grimaud (Daniel), Roux (Etienne-Barthélemy), et Bigillon, de Saint-Pierre de Chartreuse. Vignon était démissionnaire depuis longtemps. Le 30 juillet, les représentants nommèrent à la place d'administrateurs Drevon, Chevrier, Ferrand, avoué à Grenoble; Burdet, de Vinay; Charbonel, de la Côte Saint-André; ce dernier, non-acceptant, fut remplacé successivement par Jubié et par Michal (Jean-François), qui refusèrent. Jaillet (Jacques-Etienne) accepta enfin. (Arrêté du 17 août.)

pendant un mois de la ville de Grenoble sans une autorisation expresse du directoire du département, sous peine d'arrestation.

Art. 8. — Le président du conseil du district de Vienne, le procureur syndic du même district, le maire et le procureur de cette commune seront tenus de se transporter à Grenoble, à la réception du présent arrêté, pour y rendre compte aux représentants du peuple de la conduite des corps administratifs établis dans cette ville.

Art. 9. — Le présent arrêté sera adressé au président du département de l'Isère, lequel sera tenu, sous sa responsabilité, de convoquer immédiatement une assemblée du conseil général suivant sa nouvelle composition, d'y faire donner lecture du présent arrêté, et d'y recevoir le serment des nouveaux administrateurs qui pourront être présents.

Art. 10. — Le secrétaire du département fera parvenir, lire, publier et afficher dans toutes les communes le présent arrêté et il veillera à son exécution.

Art. 11. — Il sera incessamment envoyé, par les représentants du peuple, à la Convention nationale et aux différents départements qui existent depuis l'Ain jusqu'au Var, lesquels sont requis de faire exécuter rigoureusement les lois contre ceux qui tentent des projets liberticides.

Fait à Grenoble, le 27 juin 1793, l'an II de la République française.

Signé Dubois-Crancé, Albitte, Gauthier.

Vu l'arrêté ci dessus, ouï le suppléant au procureur général syndic.

Le directoire ordonne qu'il sera imprimé, publié et affiché dans toutes les communes du département.

Grenoble, 29 juin 1793.

Signé : Planta, B.-M. Decomberousse.
B. Montmorand ; B. Royer, *secrétaire.*

Enfin, un autre arrêté du 29 juin, signé Dubois-Crancé et Gauthier, portait que la municipalité de Grenoble était dissoute, et que l'on procéderait dans le plus bref délai à de nouvelles élections.

Le 1er juillet, la maison commune fut cernée par la force armée, et toutes les armes qui s'y trouvaient furent enlevées.

Dès ce moment, toute velléité de résistance disparut ; on ouvrit les yeux sur les dangers auxquels on s'exposait. La Convention, quoique mutilée, était le seul lien qui réunissait les diverses parties de la République envahie et menacée par tant d'ennemis ; il fallait se rallier à elle ou voir la France succomber : on se courba sous le joug de la nécessité.

Camille Teisseire, officier municipal de Grenoble, qui jouissait d'une estime générale et qui se trouvait à Paris, où on l'avait envoyé au commencement de février 1793 pour réclamer de l'état le paiement d'avances faites par l'hôpital militaire, avait écrit à la municipalité plusieurs lettres fort sages qui contribuèrent beaucoup à amener cette conciliation. A la fin de juin, en revenant à Grenoble, il fut arrêté à Lyon par les autorités de cette ville, sur une misérable dénonciation relative à ses opinions politiques. On l'enferma à Pierre-Scise. Il écrivit de Lyon, le 1er juillet, une lettre adressée aux Grenoblois, dans laquelle il réclamait leur intervention pour obtenir sa liberté. Il disait encore dans cette lettre : « J'allais au milieu de vous, tâcher d'éteindre les feux naissants de la guerre civile ; j'allais vous recommander d'OUBLIER *les hommes* pour ne vous attacher qu'au salut du peuple ; il est dans l'acceptation de la constitution qui va vous être présentée....... Faites connaître à la Convention nationale votre vœu pour que cette constitution soit promptement envoyée à l'acceptation populaire ; faites-lui sentir que d'après la discorde qui a régné dans son sein, il est instant, pour le bonheur du peuple, qu'aucun de ses membres ne soit réélu ; demandez-le, nos législateurs le sentiront, et bientôt leur dissolution et la formation d'un nouveau corps législatif éteindront cette guerre, élevée par l'orgueil de quelques hommes. » La municipalité de Grenoble s'empressa d'écrire à Lyon et obtint l'élargissement de Teisseire.

En signe de soumission, le conseil du département dut envoyer à la Convention l'adresse suivante, remarquable par son énergique concision :

Nous ne voulons que la République une et indivisible.

Nous maintiendrons de tout notre pouvoir la liberté et l'égalité, la sûreté des personnes et des propriétés.

Nous ne désirons rien tant qu'une constitution populaire.

Nous jurons une guerre éternelle à l'aristocratie, à l'anarchie et au fédéralisme. Nous respectons la Convention nationale, nous avons été et nous sommes toujours soumis à ses décrets, et nous les ferons exécuter.

Fait et arrêté au conseil général du département de l'Isère, le 2 juillet 1793, l'an II de la République.

La Convention se montra moins sévère qu'on ne le pensait. Orcellet et Royer-Deloche, qui avaient été arrêtés, réclamèrent énergiquement et furent relâchés par un décret spécial de la Convention du 6 juillet 1793. Ce décret fut rendu sur la proposition de Couthon, qui demandait que ces administrateurs, emprisonnés par des ordres arbitraires, fussent immédiatement mis en liberté.

En présence de l'insurrection lyonnaise, qui devenait de plus en plus sérieuse, on avait intérêt à ménager le département de l'Isère à cause de sa position entre Lyon et la frontière. Dans la séance du 24 juillet, la Convention, sur la demande de Genissieu, accorda les fonds que réclamait l'hôpital, et déclara que le département de l'Isère n'était pas rebelle à la Convention. C'est ainsi que se termina cette tentative de résistance au parti montagnard.

Dès ce moment, on marcha rapidement dans la voie révolutionnaire ; dès le mois de mai, la prison de Sainte-Marie d'en Haut n'étant plus suffisante pour contenir les nombreux suspects qui y avaient été enfermés, on avait créé une autre maison de détention, à l'Oratoire, dans l'ancien séminaire. Comme on y était mieux qu'à Sainte-Marie, les suspects demandaient comme une faveur d'y entrer ; elle était surtout destinée aux prêtres réfractaires âgés. Les représentants trouvèrent encore le moyen d'augmenter la population de ces prisons ; ils firent rendre le 6 juillet, par le conseil du département, un arrêté dont voici les principales dispositions :

Art. 1er. — Toutes les personnes comprises dans la liste des notoirement suspects, dressée à Grenoble, le 26 avril dernier, par les commissaires de la Convention (1) et dans la liste arrêtée les 1er, 6 et 9 mai dans les districts de Saint-Marcellin, Vienne et la Tour-du-Pin, sont invitées à se rendre dans les maisons de séquestration désignées par lesdits arrêtés et par ceux des corps administratifs.

Art. 2. — Les personnes notoirement suspectes qui ne se seront pas conformées aux dispositions du présent article, huitaine après la publication du présent arrêté dans la municipalité de leur domicile, seront réputées *émigrées*. En conséquence, leurs biens seront séquestrés et vendus au profit de la République, conformément au décret du 28 mars dernier.

Art. 3. — Les municipalités du département feront exécuter l'art. 11 de l'arrêté du 26 avril dernier, portant que les personnes simplement suspectes d'incivisme seront désarmées, surveillées et soumises à l'appel nominal.

Par suite de cet arrêté, beaucoup de citoyens notoirement suspects se résignèrent à aller en prison; un certain nombre obtinrent des sursis pour divers motifs; nous citerons parmi eux Didier (Jean-Paul), notaire; Mounier, négociant; Pal; Revol, ex-constituant; Champel, ex-garde du corps; Giroud, imprimeur; Mme Barral, née Barnave-Boudra; Erga, médecin; Imbert-Desgranges; Dastre-Vigne, notaire; Beyle (Chérubin-Joseph); Jacquemet (Joseph-François), etc. Mais le 8 août, tous les sursis accordés furent révoqués, et il fallut se résoudre à se constituer prisonnier ou bien à voir ses biens confisqués. Le 7 août, il y eut défense absolue aux détenus de communiquer au dehors; leur isolement fut complet. Le 13 août, le poste de Sainte-Marie d'en Haut, occupé jusque-là par la garde nationale, qui pouvait communiquer

---

1. Amar et Merlinot. Un très-grand nombre de suspects, surtout parmi ceux qui habitaient la campagne, avaient pu se soustraire à l'incarcération en se cachant.

avec les détenus, fut confié à la troupe de ligne. Le jacobin Héraut put seul pénétrer comme médecin dans cette prison. Plus tard, tous les biens et revenus des suspects furent séquestrés ; on ne leur laissa que le strict nécessaire. Par un arrêté municipal du 5 septembre, ils devaient tous manger à la même table, *pour mieux se pénétrer du principe d'égalité*, dit l'arrêté, et ils ne pouvaient recevoir d'autres aliments que ceux préparés par le cuisinier de la maison.

Des mesures sévères furent prises pour l'arrestation des personnes inscrites sur les listes de proscription. Dès le mois de juillet (arrêté du 2), il y eut constamment deux citoyens de planton aux portes de Grenoble, pour arrêter tous les passants qui avaient des visages *suspects*. Un peu plus tard, par arrêtés de la municipalité, des 9 frimaire et 7 nivôse, le secret des lettres fut violé; deux membres de la commune assistaient à l'ouverture des dépêches et lisaient les lettres adressées aux émigrés, aux prêtres insermentés et aux *personnes qu'ils jugeaient suspectes*. Douze Lyonnais patriotes réfugiés à Grenoble formaient un comité de surveillance, et devaient signaler à l'autorité ceux de leurs concitoyens d'un patriotisme douteux qui se rendaient dans notre ville. Il était enjoint aux étrangers de se présenter dans les sections pour être examinés et recevoir des certificats de résidence.

Lyon, à cette époque, était en pleine insurrection, et le siége de cette malheureuse ville avait commencé vers le milieu de juillet. Le 19, les représentants Dubois-Crancé, Gauthier et Nioche avaient publié à Grenoble une proclamation énergique à l'occasion de la conspiration lyonnaise ; bientôt 2,000 hommes furent requis par ces représentants dans le département de l'Isère pour marcher sur Lyon ; Grenoble devait en fournir 408 (fin juillet). Sur la réclamation du directoire, ce nombre de 2,000 fut réduit à 1,600.

Revenons maintenant aux événements qui se passaient plus

particulièrement dans l'intérieur de notre ville. On se rappelle que, le 29 juin, les représentants avaient dissous la municipalité; on procéda à de nouvelles élections au commencement de juillet. Le conseil général de la commune fut installé le 11. Sa composition était la suivante :

CORPS MUNICIPAL.

De Barral (Joseph-Marie), maire;

Clément (Claude), parfumeur; Giroud (Laurent), officier de santé; Charvet (François), chaussetier; Gaudoz (Claude), gantier; Gravier (Laurent), vinaigrier; Raffin (Pierre), peigneur de chanvre; Dumas (Victor), officier de santé; Arthaud (Pierre-François), notaire; Guillermety (Jean-Baptiste), épicier; Bertier (Georges), tanneur; Trouilloud (Etienne), notaire; Baret (Antoine) aîné, plâtrier; Compagnon (Alexandre), instituteur; Gonnet (Etienne) fils, gantier, officiers municipaux;

Teisseire (Hyacinthe-Camille), liquoriste, procureur de la commune;

Blanc (Pierre-Roch-André), ancien procureur au bailliage du Graisivaudan, substitut du procureur de la commune (1).

NOTABLES.

Cap-Devielle (Pierre), armurier; Grand (Pierre), cordonnier; Cheminade (Charles) aîné, cartier; Besson (Barthélemy-Etienne) fils, vitrier; Legrand (Pierre-Henri), marchand de tabac; Bonin (Charles), ferblantier; Barroil (Etienne), marchand de draps; Besson (Louis) neveu, marchand de draps; Pons (César) père, luthier; Baudot (Paul-François), curé de Saint-Joseph; Chavand (Jean) cadet, charpentier; Bernard (François), entrepreneur-maçon; Breton (Pierre), apothicaire; Accarier (Pierre-Adrien), notaire; Pélerin (Pierre-Jacques) fils, ceinturonnier; Ferrouillat (André), confiseur;

(1) Il ne tarda pas à être remplacé par Accarier, puis par Bonin.

Lemaître (Joseph-Antoine), juge au tribunal du district de Grenoble; Jourdan, marchand de vins; Blanc-Subé (Jean-Baptiste), architecte; Berthon (Louis), vicaire épiscopal; Mazet (Benoît), cordonnier; Martin (Joseph), homme de loi; Perrotin (Sixte-François, aîné, ancien procureur au parlement, avoué; Michal (Ennemond-Louis), greffier de la police correctionnelle; Charavel (Louis), charpentier; Falcon (Jean-Charles), libraire; Marceau (Antoine), ancien concierge du dépôt de mendicité, garde-magasin des lits militaires; Grange (Louis), vicaire épiscopal; Michal (Antoine) père, marchand de draps.

Le conseil municipal était composé d'éléments plus démocratiques qu'auparavant; les partisans de la Montagne y étaient en majorité. Tous les avocats en avaient été exclus, à l'exception de Martin.

La constitution de l'an II, si longtemps attendue, fut enfin votée par la Convention. Un de ses articles portait qu'elle devait être examinée et acceptée par le peuple réuni en assemblées primaires. On l'accueillit avec joie parmi nous : une constitution semble toujours une panacée, et ce n'est que plus tard que vient le désillusionnement. Cette constitution, la plus démocratique qui ait existé, était inexécutable; elle n'en fut pas moins examinée et acceptée avec empressement à Grenoble. Le 14, sa promulgation se fit avec solennité, au bruit du canon et au son des cloches; tous les citoyens se réunirent sur la place Grenette, autour de l'arbre de la liberté. Les autorités et les représentants étaient assis sur un amphithéâtre orné de trophées et d'emblèmes démocratiques. La constitution fut solennellement lue et proclamée; Barral et Dubois-Crancé prononcèrent des discours patriotiques vivement applaudis. Il y eut, le soir, illuminations et danses gratuites; des tables furent dressées dans toutes les rues, et tous les citoyens s'assirent indistinctement les uns à côté des autres, mangeant en commun les provisions qu'ils avaient apportées.

Peu après le 21 juillet, on mit en liberté 95 suspects détenus par ordre d'Amar et Merlinot, savoir : 36 sur les 124 prisonniers que renfermait Sainte-Marie d'en Haut, et 59 sur les suspects de la prison de l'Oratoire. Plusieurs détenus riches durent fournir des cautionnements; ainsi, on exigea 80,000 liv. de Mme de Viennois; cette somme fut plus tard réduite à 60,000. D'autres restèrent sous la surveillance d'un gendarme.

La disette continuait à régner dans le district; on avait été obligé de défendre aux habitants de la campagne de venir s'approvisionner à Grenoble (1). La loi du *maximum* n'était pas observée rigoureusement dans beaucoup de localités voisines de la nôtre; les grains affluaient dans ces lieux où le commerce était libre, et nos marchés étaient vides. Le 26 juillet, les administrateurs du département et du district, auxquels s'étaient joints la municipalité de Grenoble, quatre membres de la Société populaire de notre ville, un député de Saint-Marcellin et de la Tour du Pin, se réunirent et arrêtèrent que le *maximum* des grains serait provisoirement suspendu, qu'il serait mis une taxe progressive sur les riches pour fournir le pain aux pauvres au même prix que celui alors fixé, et que la Convention nationale serait priée par une adresse de retirer la loi du *maximum* ou de la faire exécuter d'une manière uniforme dans tous les départements de la République.

(1) Arrêté du 25 juillet, ainsi conçu : « 1° Les commissaires des comités de surveillance des sections veilleront à ce que le blé et le pain *miche* ne soit pas emporté dans les campagnes; 2° les citoyens boulangers ne devront livrer ni pain ni farine aux citoyens des campagnes. Ceux qui contreviendront à cette invitation ne recevront plus de farine de la commune. 3° Les plantons qui sont aux portes de la ville auront pour consigne de ne pas laisser sortir de la ville le blé et le pain *miche*. »

On voit que pour prendre cet arrêté, la Société populaire avait été consultée; c'est qu'elle avait en effet alors la plus grande influence : le parti montagnard y avait pris décidément le dessus, et les modérés avaient cessé d'y paraître ou se taisaient par peur. Cette société exerçait une surveillance active; le 23 juillet, elle adressa la lettre suivante au conseil du département :

Citoyens administrateurs,

Nous aimons à croire que la Constitution acceptée mettra fin peut-être aux projets liberticides de tous les ennemis de la patrie. Le salut du peuple exige la plus exacte surveillance. Vous savez, administrateurs, qu'une commission appelée des *huit*, se disant *représentants immédiats du peuple de l'Isère*, a été formée à l'époque des trames du fédéralisme contre-révolutionnaire de l'ancien directoire du département de l'Isère. Nous savons aussi que deux députés pris dans le nombre de ces huit, établis par la commission illégale, sont partis députés pour Paris. Leur mission ne peut être que criminelle, puisqu'elle est contraire à la loi : nous demandons à être informés par qui ils sont payés, ce qu'ils font et leurs noms, afin que les citoyens, dûment et sûrement informés, demandent au nom de la loi la dissolution de cette commission et autres mesures qu'il appartiendra.

Signé Vilain-La-Roche, *président*;
Vallet, *secrétaire*.

Pour réponse, le conseil général transmit aux pétitionnaires le procès-verbal imprimé des séances de l'assemblée générale des délégués immédiats de la section du peuple français de l'Isère.

La société ne s'en tint pas là : le 26 et le 30 juillet, elle dénonça à la municipalité de Grenoble Duport (Victor), Faure de Beauregard; Buisson, juge de paix; Blanc-Lacombe, Pison du Galant, président du tribunal civil; Bérenger, de Mens; Royer, Alméras-Latour et Delhors, comme fédéralistes et faisant partie d'une prétendue commission des délégués immédiats du peuple de l'Isère. Ceux de ces citoyens qui habitaient Grenoble furent mandés devant la municipalité et durent se justifier. La dénonciation n'eut pas d'autres suites, mais plus tard le comité de surveillance fit emprisonner plusieurs d'entre eux comme suspects de fédéralisme. Royer, Pison-du-Galant et Delhors furent de ce nombre; ce dernier, transféré de la prison à l'hôpital militaire, y mourut le 23 prairial an II (11 juin 1794); il avait été arrêté le 31 octobre 1793.

Le 12 août, la société dénonça les sections à la municipalité, comme ayant demandé l'élargissement des suspects détenus à Sainte-Marie et comme accordant trop facilement des certificats de résidence aux prévenus d'émigration. Elle ajoutait que les sections étaient devenues des foyers de corruption, depuis que, par la fréquence de leurs assemblées, elles s'étaient en quelque sorte rendues permanentes, et que des hommes pervers et hypocrites s'étaient glissés dans leur sein pour pervertir l'esprit public en profitant de la lassitude du peuple, retenu dans les ateliers par ses occupations. La municipalité décida que les sections ne s'assembleraient à l'avenir que sur la demande des comités de surveillance établis dans leur sein ou lorsque la municipalité voudrait les consulter.

Les représentants avaient quitté Grenoble au commencement d'août pour assister au siége de Lyon, qui se poursuivait avec activité. Ils étaient tout à fait réconciliés avec les autorités de notre ville, qui marchaient dans le vrai sens révolutionnaire; aussi ils déclarèrent, par un arrêté du 27 août, que *le zèle de l'administration de l'Isère devait être loué*.

La fête commémorative du 10 août fut célébrée à Grenoble avec une grande pompe; ce fut une espèce de fédération. L'administration départementale y convoqua un officier municipal et un garde national armé de chaque commune. On avait élevé sur la place Grenette un superbe autel au milieu duquel était placée, sur un piédestal, la *déesse de la Liberté* (1). Toutes les autorités et la Société populaire assistèrent à la cérémonie, qui se termina par des serments patriotiques, par des protestations d'union et de fraternité, et par un feu de joie où l'on brûla des titres nobiliaires.

Peu après, à la fin d'août, Grenoble fut en proie à la plus vive inquiétude. Par suite du siége de Lyon, on avait dégarni la Savoie de troupes, et nous n'avions plus de garnison. Cette circonstance permit aux Piémontais de faire irruption en Savoie au nombre de vingt-cinq mille; ils attaquèrent les Français sur trois colonnes et les forcèrent à se replier à la hâte : on s'imaginait déjà voir l'ennemi dans la plaine du Graisivaudan. On se hâta d'évacuer le matériel renfermé dans Chambéry ; le fort Barraux fut mis en état de défense, et à cette occasion, le malheureux Barnave, qui y était détenu, fut transféré à Saint-Marcellin. Six cents Grenoblois, équipés et armés, furent prêts à marcher à la frontière. Les gardes nationaux des deux rives de l'Isère s'étaient organisés ; ils devaient tous se lever en masse au son du tocsin, dès que l'ennemi aurait mis les pieds sur le sol français. Heureusement tout ce zèle fut inutile : Kellermann, immédiatement prévenu, quitta momentanément le siége de Lyon et se rendit en Savoie, à la tête d'un corps de douze mille gardes nationaux. Les Piémontais furent battus à Epierres et se trouvèrent contraints de repasser les monts.

Le 22 septembre, la municipalité envoya Camille Teisseire à Paris, pour obtenir l'établissement d'un arsenal de construction à Grenoble ; cette négociation fut couronnée de succès.

Peu de temps après (le 9 octobre 1793), Lyon fut pris et livré aux commissions exécutives, qui firent couler des flots de sang.

---

(1) Ce fut, dit-on, un nommé P..... qui remplit ce rôle.

Le 9 septembre, avait eu lieu à Grenoble la première vente des biens des émigrés ; ces ventes se continuèrent ensuite avec activité. Malgré ces nouveaux gages de sûreté, les assignats se dépréciaient rapidement ; ils perdaient alors, dans le district, les deux tiers de leur valeur ; on les avait, du reste, multipliés dans une proportion effrayante. Cette dépréciation empêchait l'approvisionnement des marchés, et, malgré les réquisitions les plus vexatoires, l'armée des Alpes avait été à la veille de manquer de pain. La Convention décréta alors, le 3 et le 29 septembre, l'odieuse loi du *maximum*. Chaque administration de district devait fixer un prix *maximum* de toutes les denrées et marchandises de première nécessité. Ces prix devaient être ceux de 1790, augmentés du tiers. Déjà, auparavant, une loi du 26 juillet punissait de mort les accapareurs. La Convention, exaspérée par l'assassinat de Marat, menacée de tous côtés par ses ennemis, avait décrété, en outre, une levée en masse (23 août), l'emprunt forcé, l'armée révolutionnaire et la nouvelle loi des suspects (17 septembre); des comités de surveillance devaient dresser la liste des suspects, décerner contre eux des mandats d'arrêt et faire apposer les scellés sur leurs papiers ; enfin, elle avait substitué le calendrier républicain au calendrier grégorien : l'an II de la République commençait au 22 septembre.

Ces diverses lois furent exécutées à Grenoble. Des arrêtés municipaux du 15 et du 19 octobre fixèrent le prix des grains et des principales marchandises soumises aux tarifs. Le prix du froment, première qualité, fut taxé à 5 liv. le quartal (1); le méteil, à 4 livres 5 sols; le seigle, à 3 livres 10 sols; l'orge à 3 livres; la viande devait se payer 8 sols la livre. L'administration du district de l'Isère, aidée de quatre officiers municipaux de la ville et de quatre membres de la Société populaire, s'occupait activement à dres-

(1) Le quartal de Grenoble valait 1 décalitre 833.

ser un tarif général de toutes les denrées et matières premières. Ce tableau fut imprimé avant le 27 octobre (1).

La disette s'accrut encore par l'effet même de ces mesures, et le marché de Grenoble devint désert ; on se hâta d'envoyer partout des commissaires pour faire le recensement des grains et recevoir les déclarations des particuliers, mais nos environs ne produisaient pas assez de blé pour la nourriture des habitants de la ville. Le 22 octobre, on fit confectionner du pain fabriqué avec un mélange de maïs et de blé. Le 28, la commune vendit aux boulangers tout le seigle qu'elle avait en magasin. Les cultivateurs ne nous envoyaient plus rien ; dans la plupart des communes, les municipalités s'entendaient avec les propriétaires de grains pour éconduire les commissaires. L'intérêt personnel, souvent si tenace parmi les gens de la campagne, luttait contre la crainte : à la violence, ils opposaient la force d'inertie. C'était en vain que la Société populaire leur envoyait des proclamations où elle employait, tour à tour, la menace et la prière. On lit dans une de ces adresses (voyez le *Courrier patriotique* du 27 octobre), entre autres passages, les suivants : « Vous avez vu, citoyens, le décret du 29 septembre *s'exécuter à Grenoble*. Eh bien ! n'avez-vous pas vu alors les habitants des campagnes venir en foule dans la ville, se couvrir de plusieurs habits, emporter une infinité d'objets qu'ils achetaient au *maximum*....... Cependant, ces mêmes personnes n'ont apporté ni grains, ni beurre, ni laitage, ni fruits...... Propriétaires des grains et des denrées, l'armée révolutionnaire va s'établir, la Société populaire l'a demandé au représentant du peuple et

(1) Un autre tarif plus complet fut publié vers germinal an II (avril 1794), par suite de nouveaux décrets de la Convention. Ce tarif forme un volume in-4° oblong de 243 pages. (Grenoble. Cuchet, imprimeur du département.) Il y a aussi un supplément de 6 pages.

à l'administration, puisque vous ne voulez pas obéir à ses réquisitions et vous soumettre aux décrets les plus salutaires. Ah! vous ne voulez pas aller, vous ne voulez pas alimenter vos frères, tandis que vous regorgez de tout! Eh bien! la guillotine vous mettra dans le bon chemin, et nous procurera la tranquillité...... Sans-culottes des campagnes, forcez les riches à vendre leurs denrées; dénoncez-les au comité de surveillance de votre ressort, au directoire du district, à celui du département, ou enfin à la Société populaire de Grenoble, foyer ardent du patriotisme de ce département et qui prendra des mesures en conséquence...... Vous sentirez combien sont coupables ces riches, bourreaux du peuple, ces municipalités qui les défendent et les protégent par l'inexécution des lois sur le recensement des grains et sur les déclarations des particuliers..... En attendant, l'armée révolutionnaire qui vient à grands pas et la guillotine dont elle est suivie invitent tous les sans-culottes des campagnes à surveiller et à dénoncer les riches habitants de leur contrée qui possèdent des grains et qui ne les mettent pas en circulation..... etc., etc. »

Le représentant du peuple Petit-Jean, en mission à l'armée des Alpes, avait reconstitué à Grenoble, dans le courant d'octobre, un comité de surveillance composé de 21 membres (1). Ce comité montra d'abord peu d'énergie; Morenas (Jean-Louis), l'un de ses présidents (2), fut même destitué et enfermé comme suspect le 5 frimaire (25 novembre), pour avoir, dit le registre des écrous, *favorisé les aristocrates*. Les arrestations furent alors plus fréquentes.

Parmi les actes de vandalisme commis à cette époque, nous devons signaler la destruction d'une partie des archi-

(1) Voyez, pièce justificative D, le règlement adopté par ce comité.

(2) Ce président était soumis à une nouvelle élection tous les quinze jours: il pouvait être réélu.

ves de la chambre des comptes, du bureau des finances et du parlement de Dauphiné. Ces papiers précieux furent brûlés comme titres féodaux, les 18 et 19 brumaire (8 et 9 novembre 1793), sur le Champ de Mars, où plusieurs ouvriers furent employés pendant deux jours pour les transporter.

A Paris, l'effervescence révolutionnaire allait toujours croissant. La reine Marie-Antoinette avait été guillotinée le 16 octobre 1793; les Girondins avaient payé de leur tête leur résistance à la dictature de la Montagne; d'Orléans n'avait pas été épargné; Mme Rolland, Houchard, Custine, Beauharnais, Pétion et une foule d'autres victimes avaient été frappés. Une illustration du Dauphiné, notre Barnave, avait été guillotiné le 28 novembre. Dès cette époque et jusqu'au 9 thermidor, l'instrument du supplice fut en permanence.

La Convention n'avait pas osé jusqu'alors attaquer ouvertement le culte chrétien; la commune de Paris, à la tête de laquelle se trouvaient Hébert et Chaumette, prit l'initiative de cette attaque. Elle mit à l'ordre du jour l'impiété et inventa le culte de la Raison (20 brumaire an II, 10 novembre 1793).

Le mouvement hébertiste contre le catholicisme se propagea peu à peu à Grenoble. Le principal apôtre de l'irréligion fut parmi nous un nommé Chépy (P.), étranger à la ville; personne ne savait qui l'avait envoyé et d'où il venait (1) Il arriva dans nos murs vers la fin de l'été; il y passa deux ou trois mois sans faire parler de lui, et se montra enfin à la tribune de la société dans le courant d'octobre. Son apparition fit grande sensation. Le 20 brumaire an II (10 novembre 1793), on célébrait avec pompe à Grenoble une fête en

(1) On sut plus tard qu'il avait été autorisé par le comité de salut public à résider à Grenoble. V. la pièce justificative E.

l'honneur du représentant Beauvais que l'on croyait avoir été assassiné par les Anglais dans Toulon. On avait élevé dans l'église des jacobins, qui sert aujourd'hui de halle, un sarcophage entouré de lampes funéraires; au fronton de l'édifice se lisait ces mots : *Il est doux de mourir pour la patrie.* Toutes les autorités assistaient à la cérémonie funèbre, qui se termina d'une singulière manière : tout-à-coup on sonna le tocsin, le canon gronda, on cria aux armes, on agita les piques, etc. En un mot on donna la représentation en miniature d'une émeute, qui se termina par le serment d'exterminer tous les Anglais. Chépy, alors président de la Société populaire, parut à la tribune, et fit, avec un grand succès, l'éloge funèbre de Beauvais ; jamais orateur n'y avait été aussi vivement applaudi. C'était un homme d'un âge mûr, à la face colorée, s'exprimant avec éloquence et surtout avec une facilité d'élocution qu'un de nos compatriotes, homme bien compétent, a comparée à celle de Sauzet.

Il ne cessa, pendant son séjour à Grenoble, d'attaquer avec violence tous les cultes chrétiens. On a prétendu qu'il prêchait l'athéisme, mais les discours imprimés qui nous restent de lui prouvent le contraire. Sous le rapport politique, il professait des doctrines qui se rapprochaient de celles de Babeuf, et les exaltés du club applaudissaient à ses déclamations contre les riches et à ses attaques continuelles contre le pape et les prêtres ; plusieurs membres de la société osèrent néanmoins le combattre, et, tandis que les vicaires épiscopaux, tous membres du club, s'empressaient lâchement d'abdiquer leur caractère de prêtres, l'évêque Raymond monta à la tribune et défia Chépy de prouver la fausseté de la religion catholique, offrant de soutenir une polémique sérieuse ; Raymond refusa constamment de *se déprêtriser*, suivant l'expression consacrée alors, et ne tarda pas à être enfermé comme suspect. M. Chanrion fils, docteur en médecine, nous a rapporté que dans une des séances du club, Chépy ayant avancé que les pauvres avaient le droit de piller les riches oisifs, fut vivement interrompu par Chanrion, qui l'apostropha en *termes dauphinois* énergiques et qui, rassemblant la compagnie des Bonnets-Rouges à la fin de la séance, leur fit jurer de respecter les personnes et les propriétés.

Chépy, du reste, ne fut jamais populaire; en voici une preuve : un émissaire du club ayant été envoyé en mission à Gières, fut pris pour ce tribun et gravement maltraité par les paysans ameutés. Le club se vengea en faisant emprisonner Péronnet, curé du lieu, tout à fait innocent de cet acte de violence. Dans le peuple, on disait que Chépy était un envoyé de Pitt et Cobourg; il est probable que c'était simplement un émissaire de la commune de Paris. Pour en finir avec ce personnage, nous ajouterons que ses discours devenant de plus en plus incendiaires et de nature à exciter des troubles, le comité de surveillance, vers la fin de nivôse an II, lança un mandat d'amener contre lui et l'interrogea : le lendemain Chépy rendit compte, à la tribune du club, de son interrogatoire de manière à irriter l'amour-propre des vingt-et-un, qui le firent immédiatement arrêter et conduire à Paris. Nous n'avons pu savoir ce qu'il était devenu.

Le mouvement anti-chrétien se continua à Grenoble; beaucoup de curés constitutionnels imitèrent l'exemple des vicaires épiscopaux et déclarèrent au directoire du district qu'ils renonçaient à la prêtrise. Leurs noms étaient enregistrés dans les colonnes du journal du temps avec des commentaires plus ou moins bizarres. En voici un exemple : « V.... A....., ex-chartreux et depuis la révolution prêtre « constitutionnel, abjure le fanatisme, part pour la défense « de la patrie, et pour donner le coup de grâce au monstre « encore palpitant, vient de faire proclamer son mariage. » (*Courrier patriotique* du 7 frimaire an II.) Le 18 octobre 1793, la municipalité chargea Falcon et Cap-Devielle de faire descendre toutes les cloches des églises, à l'exception d'une seule par paroisse. Par un arrêté du 24 brumaire an II (14 novembre 1793), le conseil général de la ville avait ordonné : 1° que les boutiques ne pourraient être fermées que le décadi seulement et par ceux qui le jugeraient convenable, et qu'on ne pourrait pas les tenir fermées d'autres jours sous quelque prétexte que ce fût; 2° qu'il était défendu à tous les ministres du culte d'exercer leurs fonctions hors de l'enceinte du temple ; 3° que tous les citoyens seraient inhumés dans un lieu de sépulture commun ; qu'un commissaire de police assisterait seulement à l'enterrement avec sa marque distinctive ; 4° que les signes extérieurs de tout culte seraient détruits dans la huitaine. Par un autre arrêté municipal du 16 frimaire an II (6 décembre 1793), l'église de Notre-Dame fut convertie en *un temple de la Raison et de la Vérité, où tous les républicains se réuniraient pour célébrer les décadis*. Déjà depuis plus d'un mois tout exercice du culte y avait cessé et on y faisait la manœuvre du canon; on ne défendit même cette manœuvre que le 27 nivôse an II (16 janvier 1794), à cause des dégradations qu'elle occasionnait. Les jours de décadi se célébrèrent avec solennité dans ce temple; les autorités civiles et militaires, les présidents des sections, le comité de surveillance, s'y rendaient en grande pompe, coiffés du bonnet rouge et précédés de bannières ; Chépy y prêchait assiduement. Ceux qui n'observaient pas les décadis étaient du reste notés comme suspects. Les autres églises de la ville cessèrent également de servir à l'exercice du culte. L'église Saint-Louis devint un entrepôt pour les cuirs; on fabriquait des poignées de sabre dans l'église des Carmes, et des baïonnettes dans la chapelle de Saint-Nicolas, à Saint-Laurent. L'église Saint-André devint le lieu de réunion du club, qui s'y installa avec pompe le 20 pluviôse an II (8 février 1794); le 8 floréal an II la commune ordonna aux femmes de quitter, dans le délai de vingt-quatre heures, les croix d'or qu'elles portaient au cou, sous peine d'être déclarées suspectes : « Il est facile, « dit l'arrêté, de remplacer ces frivoles ornements par d'au- « tres *analogues* au culte de la liberté ; d'ailleurs, le plus « bel ornement de leur sexe sera toujours la vertu et la « modestie. » Sur les registres des détenus suspects on lit souvent comme motif d'arrestation la note suivante : Un tel, *ex-prêtre, fanatique, ayant refusé de se déprêtriser.*

A Paris, la Convention avait sanctionné toutes les impiétés de la commune ; elle avait substitué aux fêtes chrétiennes des fêtes imitées du paganisme. Toujours effrayée par le souvenir du 31 mai, elle adoptait sans examen toutes les propositions de Robespierre ; deux cent mille suspects étaient incarcérés sur toute la France ; l'agriculture manquait de bras ; on inventait de nouvelles conspirations, et de nouveaux flots de sang ne cessaient de couler. Pour vaincre toutes les résistances et pour assurer le despotisme du comité de salut public, on avait décrété le 14 frimaire an II (4 décembre 1793) la fameuse loi qui établissait le *gouvernement révolutionnaire.* Par ce décret, tous les fonctionnaires étaient sous la dépendance des représentants en mission et du comité de salut public, qui les choisissaient et les destituaient à leur gré. La surveillance des lois révolutionnaires appartenait aux districts, leur exécution aux municipalités. Enfin, les conseils de département étaient supprimés. Le pouvoir se trouva par là monopolisé au profit de quelques hommes qui firent peser sur la France un joug plus odieux et plus despotique que celui des tyrans les plus détestés de l'antiquité.

Les nouvelles lois révolutionnaires furent exécutées avec rigueur à Grenoble. Par un arrêté du représentant du peuple Petit-Jean, en date du 7 nivôse an II (27 décembre 1793), toutes les autorités furent renouvelées et épurées : la direction du département fut confiée à Planta, Duc,

Drevon, Suat, Giroud (Alexandre), Martin, Français de Nautes, Murys, Royer (Balthazard), secrétaire général.

Les membres du directoire du district furent : Boisverd, Cros, Michal, Perret-Imbert, Bethoux. On nomma pour administrateurs du district : Pommier, du Villard ; Point aîné ; Bertrand, entrepreneur à Grenoble ; Dumas, de Pariset ; Balmet fils aîné ; Palais, de Lumbin ; Bigillion, de la Bâtie ; Hilaire, agent national provisoire ; Desblaches, secrétaire.

La composition de la municipalité de Grenoble fut la suivante :

De Barral, (Joseph-Marie) maire ;

Gonnet (Etienne) fils, gantier ; Dumas (Victor), officier de santé ; Trouilloud (Etienne), notaire ; Raffin (Pierre), peigneur de chanvre ; Arthaud (Pierre-François), notaire ; Gravier (Laurent), vinaigrier ; Clément (Claude), parfumeur ; Bertier (Georges), tanneur ; Gaudoz (Claude), gantier ; Chalvet (François) cadet, chamoiseur ; Compagnon, (Alexandre), ex-instituteur, garde-magasin ; Baret (Antoine) aîné, plâtrier ; Giroud (Laurent), gantier ; Guillermety (Jean-Baptiste), confiseur ; officiers municipaux.

Teisseire (Hyacinthe-Camille), liquoriste, ancien procureur de la commune, agent national près l'administration municipale de Grenoble ;

Martinais (Jean-Laurent), ancien marchand, ex-avoué, substitut de l'agent national.

NOTABLES.

Buisson (Louis) neveu, marchand de draps ; Breton (Pierre), apothicaire ; Barroil (Etienne) aîné, marchand de draps ; Pélerin (Pierre-Jacques) fils, ceinturonnier ; Grand (Pierre), cordonnier ; Ferrouillat (André), confiseur ; Charavel (Louis), charpentier ; Bariot (Julien), maître de la poste aux chevaux ; Falcon (Jean-Charles), libraire ; Marceau (Antoine), ancien concierge du dépôt de mendicité, garde-magasin des lits militaires; Cheminade (Charles) aîné, cartier; Legrand (Pierre-Henri marchand de tabac; Cap-Devielle (Pierre), armurier; Blanc-Subé (Jean-Baptiste), architecte; Chavand (Jean) cadet, charpentier; Accarier (Pierre-Adrien), notaire; Bernard (François), entrepreneur; Pyot (Jean-Louis) père, orfèvre; Liotard (Antoine), ancien gantier; Téron (Jean-Marc), graveur; Rigolier (Jean-Baptiste), ex-prêtre, employé dans les charrois militaires; Mollard (François), greffier du juge de paix de l'arrondissement occidental du canton de Grenoble; Grimaud (Daniel) aîné, ancien procureur au bailliage du Graisivaudan; Besson (Barthélemy-Antoine) fils, vitrier; Bonin (Charles), ferblantier; Couturier (Jacques-Nicolas-Joseph), accusateur public; Mazet (Benoît), cordonnier; Blanc (André), notaire; Bonnefoy (Charles-Yves), homme de loi; Chevrier (Jean-Baptiste-Benoît), gantier.

Le tribunal civil et le tribunal criminel furent également renouvelés.

Petit-Jean nomma ensuite, comme membres du comité de surveillance : Pyot fils, président; Caillat-du-Sauzet, ex-avoué, secrétaire; Pascal, Blanchon, Joubert, Sarrel, Chanrion jeune, Vivier, Chevrier, gantier; Magnon, Beauthier, Roux, ferblantier; Coupon, bâtier; Gardon, ex-prêtre; Paradis, ferblantier; Romanet puîné, menuisier; Crollin fils, cultivateur; Poudré, caissier de la Société populaire; Reynaud, aubergiste; Périer, Fantin, ex-prêtre : la plupart d'entre eux étaient des jacobins exaltés. Ce comité, qui fut appelé aussi *comité des vingt et-un*, est de toutes les autorités grenobloises celle qui a laissé le plus de fâcheux souvenirs parmi nous (1).

On célébra plusieurs fêtes à Grenoble en nivôse et plu-

---

(1) Les membres de ce comité recevaient une indemnité de cinq livres par jour.

viôse. A la nouvelle de la prise de Toulon, les autorités s'étaient d'abord empressées de voter des réjouissances qui eurent lieu le 7 nivôse (27 décembre 1793); puis, d'après un décret de la Convention et un arrêté du représentant en date du 9 nivôse, on fêta de nouveau cet événement le 20 nivôse (9 janvier 1794). A cette occasion on maria dix jeunes filles qui reçurent en dot chacune 1500 livres. Les époux, ornés d'écharpes tricolores, furent conduits à la maison commune, accompagnés de toutes les autorités. Après qu'on eut rempli les formalités du mariage, tout le cortége se réunit au pied de l'arbre de la liberté pour se rendre ensuite à l'église Notre-Dame; les époux furent conduits dans le chœur, où était placée la statue de la Liberté et où se lisaient des inscriptions patriotiques; là, ils se prêtèrent mutuellement le serment de fidélité. Barral, maire, Barroil et Lebreton, président du club, firent chacun un discours. Le soir il y eut illumination et *les comédiens sans-culottes*, dit le *Courrier patriotique*, *représentèrent Caïus Gracchus et l'Heureuse Décade.*

Une autre fête fut célébrée à Grenoble, le 10 pluviôse an II (29 janvier 1794), en commémoration de la mort de Louis XVI. A deux heures de l'après-midi, les représentants du peuple Gaston et d'Herbeys-Latour, les autorités, le général et son état-major, partirent de la maison commune pour se rendre à l'église Notre-Dame, devenue, comme on l'a dit, le temple de la Raison. Là, on entendit les discours de Barroil, de Barral et de Lambert, capitaine du 5e bataillon de l'Isère; on y lut les rapports faits au comité de salut public, sur les victoires des armées républicaines. La séance se termina par des chants patriotiques, et le représentant d'Herbeys ne dédaigna pas d'entonner lui-même une chanson *sur le Règne des sans-culottes*. Du temple, le cortége des autorités se transporta sur la place de la Liberté (place Grenette), entouré de citoyens et de citoyennes qui chantaient les airs patriotiques : *Mangeons à la gamelle, Dansons la carmagnole*, etc.

Au centre de cette place s'élevait un échafaud où l'on voyait trois mannequins : l'un, placé au milieu, représentait Louis XVI ; sa tête était ornée d'une couronne et son front de deux cornes. Le mannequin placé à gauche, revêtu des habits pontificaux, était l'image du pape. Celui de droite représentait la noblesse. Derrière, se tenaient deux robustes Hercules armés de la massue populaire. Alors, dit le journal auquel nous avons emprunté ce récit, « le peuple « crie vengeance et demande que leurs têtes soient abat« tues ; soudain l'Hercule français les frappe de sa massue, « leurs têtes et leurs corps tombent, sont traînés dans la « boue et foulés aux pieds par les citoyens. Combien cet « exemple prouve, ajoute naïvement le journaliste, la « haine que le peuple de Grenoble porte aux rois, aux « nobles et aux prêtres ! » La fête se termina par des chants et des farandoles autour de l'arbre de la liberté.

En commençant le récit des événements de 1794, nous devons reconnaître que depuis plusieurs mois la municipalité de Grenoble avait fait tous ses efforts pour suivre l'impulsion de la capitale ; elle avait pris pour modèle, autant que possible, la commune de Paris ; ainsi, par un arrêté du 9 frimaire an II, tous les membres de la municipalité en séance devaient être coiffés du bonnet rouge ; il y avait défense de demander la parole et de parler sans être *nanti (sic)* de ce signe de la liberté ; par un autre arrêté du 21 nivôse, on avait décidé qu'on devait se tutoyer dans le conseil, et qu'on supprimerait, dorénavant, en s'adressant la parole, la dénomination de *citoyen*. Les dames grenobloises exécutaient mal la loi du 21 septembre 1793 qui leur prescrivait de porter la cocarde nationale ; elles cachaient dans un pli de leur coiffe une cocarde presque microscopique ; le conseil général, indigné, avait fait afficher l'arrêté suivant pris le 26 frimaire : « Les commissaires de police arrêteront toutes les femmes qui ne porteront pas la cocarde tricolore sur leur coiffe et *en évidence,* et les conduiront à la maison d'arrêt pour y rester pendant huit jours, conformément à la loi ; et en cas de récidive, elles seront punies aussi conformément à la loi. » C'est-à-dire qu'en cas de récidive, elles devenaient suspectes et devaient être détenues jusqu'à la paix.

On avait décidé le 27 nivôse qu'on n'accorderait des certificats de civisme qu'à ceux qui auraient donné au moins une chemise aux défenseurs de la patrie. De temps en temps, on arrêtait quelques suspects ; la municipalité, comme on l'a dit, avait supprimé le culte catholique ; elle faisait une chasse continuelle aux prêtres insermentés, célébrait exactement les décadis, délibérait de beaux programmes de fêtes civiques, et n'avait pas manqué, à chaque révolution de Paris, d'adresser au parti vainqueur une adresse rédigée avec le style emphatique du temps. Cependant, la population grenobloise était tranquille ; il n'y avait pas eu d'émeutes sanglantes, pas de têtes promenées au bout des piques ; l'on n'avait pillé ou pendu aucun aristocrate; le peuple affamé était rationné à la Halle, et pourtant il n'avait encore jeté à l'Isère aucun prétendu accapareur. Enfin, pour comble de *modérantisme*, le tribunal criminel n'avait guillotiné personne ! Ces municipaux qui, après tout, étaient d'honnêtes gens en proie à une sorte de vertige et de manie qui appartenait au temps, avaient tout fait pour singer Paris, mais ils ne pouvaient pas se décider à verser le sang de leurs concitoyens. Aussi, tous les chauds sans-culottes de Paris et de Lyon prenaient en pitié la commune de Grenoble ; il n'y avait pas jusqu'à Valence qui n'affectât des airs de supériorité (1) :

---

(1) Dans les séances du club de cette ville.

on disait partout que les Grenoblois n'étaient pas *forts*, qu'*ils n'étaient pas au pas*. Quelques énergumènes de la Société populaire de notre ville ne craignaient pas de se faire l'écho de ces bruits. Ces reproches et ce dédain émurent la municipalité, qui avait la prétention d'être composée de membres aussi bons *patriotes* et aussi bons *sans-culottes* que ceux de la commune de Paris (1). Ajoutons qu'une sourde rumeur apprenait déjà qu'il était question d'envoyer à Grenoble une commission temporaire pour juger les aristocrates. On eut donc à se justifier de n'avoir fait périr personne. Voici le procès-verbal d'une délibération prise à cette occasion par la commune le 16 nivôse an II (5 janvier 1794) :

Un membre a dit qu'il existait depuis quelque temps un système de calomnie d'autant plus perfide qu'il tendait à provoquer le mécontentement des citoyens envers ceux qu'ils ont immédiatement investis de leur confiance par la nature des fonctions qui leur ont été confiées. Il a été observé qu'il était temps de détruire les impressions que des clameurs perfides ont fait naître dans les âmes faibles ou prévenues; que c'était surtout hors de l'enceinte de Grenoble, qu'on avait cherché à calomnier l'esprit de cette commune en répétant *qu'elle n'est pas au pas* et que l'esprit public y est pire qu'à Commune-Affranchie (2); que ces vociférations calomnieuses avaient aussi été répandues dans cette ville et portées jusqu'aux oreilles du représentant du peuple; qu'il était temps enfin de montrer à nos concitoyens et à toute la République ce qu'a fait la commune de Grenoble, ce qu'elle fait pour l'établissement de la République, ce qu'elle est prête à faire encore contre ceux qui tenteraient d'y porter atteinte de quelque manière que ce fût; il a terminé en demandant qu'il fût voté une adresse tendant à disculper cette commune.

La matière mise en délibération, ouï le substitut de l'agent national provisoire, le conseil général, considérant qu'il n'est pas moins du devoir de la commune de détruire les calomnies dirigées contre elle que de s'opposer avec constance et fermeté à tous les genres d'intrigues qui pourraient porter atteinte à la chose publique, délibère qu'il sera

(1) Expressions d'une délibération du 9 frimaire an II.

(2) On sait que c'était le nouveau nom imposé à la ville de Lyon.

fait une *adresse tendante à disculper* la commune de Grenoble, à faire connaître à la République le véritable esprit public qui l'anime, et charge Barroil, l'un de ses membres, d'en présenter la rédaction à la première séance.

Ce mémoire justificatif adressé par la commune à ses concitoyens fut imprimé et répandu à un assez grand nombre d'exemplaires. On y énumérait tous les gages d'attachement que Grenoble avait donnés à la République, tous les sacrifices qu'elle avait faits en faveur de la liberté, et on se félicitait d'avoir pu *préserver la cité de ces spectacles de sang qui révoltent*. Cette imprudente justification souleva un orage ; à Lyon on en fut indigné. On lit, parmi les papiers saisis chez Robespierre et imprimés par ordre de la Convention, une lettre curieuse d'Emery, officier municipal de la commune de Lyon, écrite à cette occasion à Gravier (Laurent), marchand vinaigrier, qui faisait partie de la municipalité de Grenoble et dont le frère était juré au tribunal révolutionnaire à Paris (1).

La commune de Lyon ne se borna pas à dénoncer à Paris l'*adresse justificative* : elle y répondit le 2 pluviôse (21 janvier 1794) ; cette réponse, que nous ne connaissons pas, fut assez vive pour que le conseil général de notre ville prît sur-le-champ l'arrêté suivant du 11 pluviôse :

Le conseil général,

Considérant qu'il est de la dignité des magistrats du peuple de s'élever au-dessus des calomnies de ceux qui cherchent à leur faire perdre la confiance :

Considérant que la meilleure manière de repousser les calomnies renfermées dans la réponse du conseil municipal de Commune-Affranchie est de n'y faire aucune réponse, mais de faire connaître à la Convention nationale tout ce que la commune de Grenoble a fait depuis la révolution,

Délibère qu'il sera envoyé à la Convention nationale un état contenant la situation politique et révolutionnaire de la commune de

(1) Voyez cette lettre, pièce justificative F.

Grenoble depuis la révolution ; nomme Grimaud et Accarier commissaires à cet effet.

Les autorités de Grenoble étaient alors dans une grande inquiétude; elles avaient appris que, grâce aux dénonciations de Lyon et de quelques membres du club étrangers à notre ville, le comité de salut public avait décidé en principe qu'une *commission temporaire* serait envoyée à Grenoble; cet avis avait été donné par Bourguignon et par quelques représentants. On disait qu'après avoir bien guillotiné et mitraillé, la commission temporaire de Lyon, s'apercevant que ses travaux tiraient à leur fin, aurait été bien aise de continuer son œuvre ailleurs, sans faire de grands déplacements.

Quoi qu'il en soit, au commencement de pluviôse, les autorités avaient envoyé Joseph Chanrion en mission à Paris auprès du comité de salut public, dans le but de détourner cet orage. Chanrion, homme de cœur et d'énergie, avait accepté cette mission sans hésiter ; il manquait d'éducation première, mais il avait cette éloquence naturelle pleine d'images que l'on rencontre souvent chez des hommes illettrés, et qui lui avait donné un si grand ascendant sur les ouvriers des faubourgs ; sa taille était haute et sa figure ne manquait pas de distinction. Arrivé à Paris, il se présenta sans s'émouvoir devant le terrible comité de salut public, accompagné de quelques représentants de l'Isère; il exposa l'objet de sa mission ; puis, s'échauffant par degrés, il dit que lui, Chanrion, répondait du patriotisme de la ville de Grenoble : — Tu parles bien haut, citoyen ! et qui nous répondra de toi? s'écria, en l'interrompant, un des membres du comité. — Comment, tu doutes de moi? répondit Chanrion, plus surpris qu'interdit de cette interruption. Robespierre, se tournant alors vers l'interrupteur, lui dit à demi-voix : « Il me semble que puisque le citoyen Chanrion répond de Grenoble, on peut se dispenser d'y envoyer une commission (1). » Ces paroles décidèrent du sort de bien des malheureux enfermés dans les prisons de notre ville : on renonça à établir parmi nous un de ces tribunaux de sang qui couvrirent de deuil plusieurs villes des départements.

Ainsi que nous l'avons dit, la municipalité de Grenoble avait décidé, le 2 pluviôse, qu'elle ferait une adresse à la Convention; elle résolut en même temps de faire don à la nation de l'argenterie et du bronze provenant des diverses églises de la ville (2). Ce projet s'exécuta; ces différents métaux furent mis à la disposition du district, et envoyés à Paris. Cet envoi était accompagné de l'adresse suivante adoptée, le 18 pluviôse an II (6 février 1794), par le conseil général de la commune :

Adresse à la Convention nationale par le conseil général de la commune de Grenoble.

Citoyens représentants,

Les habitants de la commune de Grenoble n'ont qu'un sentiment, qu'une idée, c'est l'amour de la patrie; ils voudraient amonceler sur son autel tout l'or, tout l'argent, tous les métaux que renferme, non seulement la République française, mais l'univers entier, non pas pour l'enrichir, elle n'en a pas besoin, ses vertus lui suffisent, mais pour les réduire en fusion, et en former un torrent enflammé qui, plus terrible que la lave qui découle du mont Vésuve, anéantisse dans son cours dévastateur tous les tyrans coalisés contre la liberté de la France.

Non, il ne faut point de paix avec eux : on ne compose jamais avec les brigands; la République ne doit pas se contenter de voir ses ennemis à ses pieds; il faut les écraser, les anéantir à jamais : l'existence même d'un seul serait un blasphème contre la liberté.

Tous les vrais républicains ne doivent avoir d'autre ambition que de s'empresser de concourir à purger la terre de ces monstres et d'envoyer dans le creuset national tous les métaux qui ne servaient qu'à

(1) Nous tenons ce récit de la bouche de Camille Teisseire et de plusieurs autres contemporains de Chanrion.

(2) Elle avait fait un premier envoi, le 9 nivôse, de numéraire et de divers objets donnés par les sections.

corrompre les mœurs ou qui n'étaient que les instruments d'un culte superstitieux qui a fait place à celui de la Liberté et de la Raison.

La commune de Grenoble n'a pas été des dernières à venir au secours de la patrie ; les efforts qu'elle a faits à cet égard sont même au-delà de ce qu'elle aurait cru possible : vous avez vu, citoyens représentants, dans sa délibération du 9 nivôse le détail de ses dons.

Mais elle songe sans cesse au moyen de les augmenter. En conséquence, elle envoie de nouveau à la nation :

1° L'argenterie trouvée dans ces édifices consacrés au mensonge et à la superstition qu'on appelait *églises* et qui se sont fermés à l'apparition de la Raison ; le poids de cette argenterie monte à trois cent septante-trois marcs six onces, ci.................. 373 marcs 6 onc. (1)

2° L'argenterie des hôpitaux civils et militaires ; le poids monte à deux cent quarante marcs cinq onces. Mais à cet égard, nous vous observerons, citoyens représentants, que c'est le bien des pauvres, et que si l'usage de ces instruments est devenu inutile, il est juste d'en consacrer la valeur au soulagement de l'humanité souffrante : aussi le conseil général de la commune a pris le 9 pluviôse une délibération pour en demander le remplacement en assignats, et c'est ce que nous sollicitons avec instance de la bienfaisance de la Convention, ci.................................. 240 5 (2)

Total de l'argenterie............. 614 1

3° La commune a encore mis à la disposition du district les cloches de toutes les églises, qui, jointes à quelques cloches envoyées par les communes voisines, donnent un produit en bronze de 172 quint. 50 liv.

4° Plus en cuivre provenu desdites églises...... 5 15

3° Plus en croix de fer, y compris deux petits canons de fer coulé, ci 54 15

6° La commune fait encore hommage à la nation de 3,772 livres en numéraire provenu de divers dons faits par les citoyens depuis le dernier envoi du 9 nivôse pour les frais de la guerre.

7° Elle a en son pouvoir, depuis le dernier envoi, environ 300 chemises pour nos frères d'armes ; elle en suspend la délivrance en ce moment parce que le nombre en augmente chaque jour.

8° Son contingent pour la cavalerie, consistant en 24 hommes équipés et montés, est reçu depuis longtemps.

---

(1) 91 kilogr. 476 gr.

(2) 58 kilogr. 894 gr.

9° La Société populaire vient d'équiper et de monter un cavalier qui est sur le point de partir.

10° La dédicace du temple de la Raison a été célébrée dans la commune de Grenoble avec cette douce émotion qu'on éprouve lorsqu'on reconnaît une beauté sous un masque hideux qu'on vient de lui arracher.

11° Deux fois nous avons fait des fêtes pour la prise de Toulon, et à cette occasion nous avons marié dix filles à la chacune desquelles on a donné 1,500 livres de dot.

12° Nous avons célébré l'anniversaire de la mort du tyran; nous avons mis à cette fête tout l'enthousiasme et toute la dignité qu'exige la reconnaissance d'un bienfait aussi signalé.

13° Notre district recèle dans son sein des mines de fer abondantes; une société vient de se former pour en faire le plus saint des usages; c'est celui d'en fabriquer des armes pour repousser nos ennemis; ces fonds s'élèvent à un million. Bientôt, il va s'établir une autre société pour l'établissement d'une fonderie de canons de fer coulé pour l'artillerie navale.

14° L'emprunt forcé et volontaire en recouvrement dans la commune de Grenoble a déjà produit en caisse 640,000 livres.

15° Les biens d'émigrés vendus jusqu'au 10 pluviôse ont produit, ci .... 7,837,037 liv.

Ils n'étaient estimés d'après les produits que..... 2,515,142

Voilà donc une augmentation de prix de........ 5,231,895 liv.

Pendant la dernière décade de nivôse, il s'en est vendu pour deux millions trois cent mille livres, et les ventes se continuent avec le même succès.

Si la commune de Grenoble rappelle sa conduite patriotique et ses dons civiques, ce n'est pas pour faire son éloge; elle voudrait électriser par son exemple toutes les âmes; elle voudrait les embraser du même feu dont elle brûle pour la patrie.

Citoyens représentants! Grâce au génie qui vous anime, grâce à la sainte Montagne, grâce au sublime décret qui établit le gouvernement révolutionnaire et auquel nous adhérons de cœur et d'âme, nous voyons prospérer nos armes dans tous les points, nous voyons nos ennemis tant de l'extérieur que de l'intérieur aux abois; mais un si bel ouvrage doit être conduit jusqu'à la fin par ceux-là mêmes qui l'ont commencé: nous vous invitons de nouveau, citoyens représentants, de *rester à votre poste* jusqu'à l'entière extermination des tyrans et des prêtres, et nous faisons avec vous le serment que nous avons déjà fait au pied de l'arbre de la liberté et que les républicains ne font pas en vain. Mort aux tyrans! Paix aux chaumières! Vive la Montagne! Vive la République!

Et ont les délibérants signé : Barral, maire; Clément, officier municipal; Blanc; Giroud, officier municipal; Grand, notable; Grimaud, notable; Accarier; Rigolier, notable.

Cette adresse et le don qui l'accompagnait obtinrent une mention honorable de la Convention, dans la séance du 30 pluviôse (18 février 1794).

Pendant ce temps, les exaltés du club redoublaient de rigueur dans l'exécution des mesures révolutionnaires. Toutes les anciennes cartes civiques furent retirées au commencement de pluviôse, et on en distribua de nouvelles avec parcimonie. Sur chaque carte se trouvait le signalement du citoyen à qui elle avait été délivrée. Le 1er pluviôse, la société résolut de s'épurer en renvoyant tous les modérés. Cette opération s'exécuta suivant le mode employé à Paris, dans la société des Jacobins. Chaque membre était soumis à un examen individuel rigoureux. Un petit nombre seulement furent renvoyés ou ajournés; mais cette mesure eut pour résultat d'imposer silence aux modérés, déjà effrayés par l'arrivée des représentants Gaston et d'Herbeys-Latour (9 pluviôse). L'épuration terminée, la société se fit appeler *Société des Jacobins de Grenoble* (23 germinal, 12 avril 1794).

Elle prit diverses mesures pour accélérer la fabrication du salpêtre qui s'exécutait en grand parmi nous. Sur sa demande, les sections ne purent s'assembler que les décadis (arrêté municipal du 24 pluviôse); elles durent s'épurer et chasser les aristocrates (arrêté du 3 ventôse).

A la suite de la lecture du rapport fait par Saint-Just à la Convention le 8 ventôse, la société arrêta qu'il serait formé dans son sein un *comité d'observation des lois révolutionnaires*, qui serait chargé de lui présenter, le 30 du même mois, la liste des personnes ennemies de la révolution et non encore détenues. La société, après avoir discuté la liste, devait l'arrêter définitivement et l'adresser aux autorités compétentes. Tous les bons citoyens étaient invités à dénoncer les suspects à ce comité qui, du reste, fit plus de bruit que de mal. Giroud en avait été président, et Leborgne secrétaire. La crainte d'être compris dans la fatale liste amena, du reste, une affluence très-considérable de dons patriotiques ; une partie des séances était consacrée à les énumérer. Indépendamment de ce comité, il avait été créé dans le club, le 23 ventôse, une commission de douze membres, dite *d'indications*, pour donner aux représentants des renseignements sur la conduite civique et révolutionnaire des autorités ; le 27 ventôse on forma en outre une *commission de sûreté générale*, composée de huit membres, chargée de proposer à la société et aux représentants des mesures révolutionnaires pour punir les coupables ; et enfin, on créa, en germinal, un comité d'instruction publique.

Dans une adresse à la Convention du 18 ventôse an II (8 mars 1794), la société demanda qu'en remplacement de Gaston et d'Herbeys-Latour qui partaient, l'on envoyât en mission parmi nous Dubois-Crancé, Albitte et Gauthier. Elle se plaignait amèrement de ce que les ennemis de la société interceptaient les adresses qu'elle envoyait à la Convention, ce qui semblerait indiquer que le club n'était pas bien d'accord, en ce moment, avec quelques autorités.

Le 21 ventôse, la société décida que tous les ex-nobles seraient exclus de son sein ; cette mesure atteignit Barral, ex-marquis et alors maire de la ville. Barral fut piqué au vif et envoya, le 25 ventôse, sa démission de maire au représentant Gaston ; mais le conseil général de la ville refusa énergiquement de la recevoir, et Barral reprit ses fonctions avec une joie mal déguisée.

Les femmes avaient au club une tribune particulière pour assister aux séances. La société les invita, par un arrêté du 24 ventôse, à apporter divers ouvrages à faire pendant le cours des séances, tels que de vieilles toiles pour faire de la charpie pour les blessés, des bas pour elles ou pour les défenseurs de la patrie, etc. Le 24 ventôse, elle demanda à la Convention d'exclure les prêtres de tous les emplois civils et militaires.

De son côté, le comité de surveillance fonctionnait activement et les maisons de détention se peuplaient rapidement de suspects. Le 14 pluviôse, la maison d'arrêt de la place Saint-André était tellement encombrée, que l'on craignait la réapparition de la maladie épidémique qui avait sévi l'année précédente. On se hâta d'évacuer les malades à l'hôpital. La maladie n'en parut pas moins en floréal, et en prairial surtout elle exerça de grands ravages. On fit partir des prisons de Grenoble, le 24 ventôse, 20 prêtres insermentés, destinés à être embarqués et déportés en Afrique. Onze curés réfractaires que la loi ne permettait pas de déporter parce qu'ils étaient âgés de plus de soixante ans restèrent renfermés, ainsi qu'une quarantaine d'autres prêtres détenus seulement pour cause d'*aristocratie* et de *fanatisme*.

Quant à la municipalité, l'approvisionnement de la ville en grains absorbait presque toute son attention. La création du *maximum* avait eu, comme on le sait, pour effet immédiat de faire *déserter* nos marchés par les producteurs de grains. Ce n'était qu'avec des peines infinies et par des réquisitions sans cesse renouvelées, qu'on parvenait à diriger quelques approvisionnements sur Grenoble. Les comités de surveillance de chaque section distribuaient alors aux chefs de famille des cartes qui leur permettaient d'acheter une quantité déterminée de grains; il était défendu expréssement d'acheter du blé en dehors du marché. Un arrêté que l'on trouvera à la fin de cette histoire (1), prouve l'état de détresse où se trouvait la ville.

(1) Pièce justificative G.

Le conseil général de la ville n'avait cessé de demander des grains aux districts et aux représentants (délibérations des 5 frimaire, 16 frimaire, 19 nivôse, 21 nivôse, 28 nivôse, 1er pluviôse, 7 pluviôse, 7 ventôse) ; il était à bout de prières et de supplications. Le 28 ventôse, une délibération de la commune constate qu'il n'y a plus à Grenoble du blé que pour deux jours. Sur une demande plus pressante du 29 ventôse (19 mars 1794) adressée au représentant et au district, on accorda enfin 500 mesures de grains pendant huit jours.

Ce fut alors que par économie on décida que la municipalité ferait fabriquer elle-même le pain qui serait distribué à chaque citoyen au prix de 10 sols les trois livres. On accorda d'abord, à chaque individu adulte, une livre et demie de pain par jour ; mais bientôt cette quantité fut restreinte à une livre ; on ne fit d'exception que pour les ouvriers exerçant des professions pénibles. Les citoyens munis de cartes faisaient *queue* dans chaque section, pour se procurer le pain nécessaire à leurs besoins journaliers. Il était défendu, sous des peines sévères, de vendre le *pain de la section,* et même de le sortir du territoire de sa section.

A la fin de germinal, tous les approvisionnements de la commune étaient épuisés. On était menacé de nouveau de la famine : la municipalité se vit dans la nécessité de faire prendre 1,135 quartaux de blé qui étaient en dépôt, pour l'armée, à l'hôpital général ; on put vivre ainsi pendant floréal, et gagner du temps jusqu'à la moisson qui paraissait abondante. Le *pain de la section* était de médiocre qualité et assez grossier ; le 13 messidor, le conseil général, reconnaissant, par une délibération, *que la manipulation du pain avait excité, jusqu'à présent, un mécontentement général*, prit enfin des mesures pour en améliorer la qualité. Les farines furent blutées, et on enleva les quinze livres de son, suivant la prescription de la loi. La cuisson du pain eut lieu désormais dans deux fours, situés l'un à l'hôpital et l'autre à la porte de France. Pendant ces longs jours de détresse, Grenoble n'avait reçu du gouvernement qu'un secours de 2,690 livres (le 7 floréal); c'était la part qui lui revenait sur les 10 millions votés par la Convention le 13 pluviôse.

A Paris, suivant l'expression de Vergniaud, la révolution, comme Saturne, dévorait successivement tous ses enfants. La commune affectait des allures d'indépendance et portait ombrage aux dictateurs du comité de salut public. Robespierre l'attaqua devant la Convention. Hébert, Clootz, Ronsin et leurs complices furent aussitôt saisis, condamnés et exécutés (4 germinal, 24 mars 1794.) L'armée révolutionnaire fut dissoute et la Convention obligea la commune à venir lui rendre grâce à sa barre des actes mêmes qui annulaient son pouvoir. Puis vint le tour de Danton et de ses amis. On les accuse de modérantisme; la Convention, muette, vote leur arrestation, et ils périssent tous sur l'échafaud (16 germinal, 5 avril 1794.) Robespierre règne enfin sans rival, et pendant quatre mois la mort devient le seul moyen de gouverner. La Convention décréta alors que la *terreur et toutes les vertus* étaient à l'ordre du jour.

La Société populaire de Grenoble, pour ne pas rester en arrière, mit aussitôt à l'ordre du jour la *probité, la justice et la vertu,* et à l'occasion de l'arrestation des hébertistes elle envoya à la Convention l'adresse suivante qu'elle fit également adopter par les autorités de la ville :

Les autorités constituées, les sections et la Société populaire de Grenoble, à la Convention nationale.

Citoyens,

Encore des complots et des trahisons! Que la foudre révolutionnaire éclate enfin, mais qu'elle épure l'air que respire le peuple ! Il est des monstres qui ne veulent pas croire à la souveraineté du peuple : qu'ils périssent! Il est des continuateurs des Brissot et des Rolland que leur supplice n'épouvante pas; il est des parasites révolutionnaires qui cherchent à séduire et à tromper le peuple, qui ne savent rien faire ni souffrir pour le peuple, qui osent se mettre à la place du peuple..... : qu'ils périssent! Des mandataires infidèles composent avec les principes, recèlent les ennemis de la liberté, trafiquent honteusement de la Représentation nationale... : qu'ils périssent! Que ceux qui doutent de la toute-puissance et de la moralité du peuple, qui ne veulent pas mettre à l'ordre du jour la probité et la vertu...., périssent! Tel est le cri unanime et spontané des autorités constituées, des sections et de la Société populaire de Grenoble.

Grenoble, le 3 germinal an II de la République une, indivisible et démocratique (23 mars 1794).

Comme diversion à la famine, on célébra ensuite plusieurs fêtes à Grenoble pendant le printemps de 1794. Le 9 germinal, on planta et on inaugura sur la place Grenette un arbre de la liberté vivant; c'était un chêne. L'arbre planté en 1792 n'était, comme on l'a dit, qu'une pièce de sapin recouverte d'une peinture tricolore. Bientôt, chaque section voulut avoir un ou plusieurs arbres de liberté vivants; le 6 floréal, on ne permit de les planter qu'à six pieds au moins de distance des maisons, et le 17 messidor, on les fit tous arracher comme gênant la circulation.

Le 20 germinal, la société des Jacobins de Grenoble célébra la fête de la Raison. Il y eut ce jour-là, à l'église St-André, beaucoup de discours et de chants patriotiques.

Le 10 floréal, ce fut le tour de la fête du Printemps; les Jacobins furent encore chargés d'en faire les apprêts. On éleva au Champ de Mars un autel couvert de verdure, où se trouvaient exposés tous les attributs de l'agriculture et du jardinage. La cérémonie consista surtout en chants exécutés par un chœur de musiciens et deux groupes composés l'un de 30 jeunes filles et l'autre de 25 jeunes garçons de dix à quinze ans: cette fête, dédiée surtout à la jeunesse, se termina par des salves d'artillerie.

On eut l'idée, à cette même époque, d'organiser militairement les jeunes garçons de la ville âgés de huit à dix-huit ans, et d'en former ce qu'on appelait le *bataillon de l'espérance*. La société des Jacobins soumit ce projet, le 5 floréal, à la commune; on l'approuva, et le bataillon fut organisé le 18 du même mois. Ces enfants formaient huit compagnies dont une d'artilleurs. On les exerçait fréquemment au maniement des armes, et ils étaient chargés, en outre, dans les fêtes patriotiques, de faire la police et de maintenir l'ordre; ils élisaient leurs chefs tous les trois mois afin d'exciter l'émulation ; mais on rapporte qu'à l'instar de leurs parents, ils se dénonçaient fréquemment les uns les autres.

Le 20 floréal, arriva à Grenoble Albitte, représentant du peuple, en mission près l'armée des Alpes. Son collègue Laporte ne tarda pas à le suivre. Ils assistaient assiduement aux séances du club. Pour détruire l'esprit religieux qui pouvait rester dans les campagnes, on décida sur leur avis qu'on enverrait des missionnaires chargés de prêcher le *sans-culotisme* dans toutes les communes du district (22 floréal). Afin de leur donner plus d'influence, Hilaire, agent national du district, leur délégua plus tard une partie de ses pouvoirs (17 messidor an II) : ils pouvaient destituer et faire emprisonner. On publia dans le même but des chansons révolutionnaires, de petits livres sous forme de catéchisme qu'on répandait avec profusion dans les campagnes. On trouve dans le *Courrier patriotique* des *formules de prières à la liberté*. Les commandements de l'église y sont parodiés ainsi :

Jusqu'à la paix tu agiras
Révolutionnairement ;
Tous les suspects tu fermeras
Sans le moindre ménagement ;
Les prêtres tu déporteras
Loin de ton sol incessamment ;
Tout émigré qui rentrera
Raccourcis-le-moi promptement ;

Dans le club tu ne recevras
Aucun modéré ni feuillant;
L'accapareur tu poursuivras
Et le fripon pareillement;
Nulle foi tu n'ajouteras
Au serment d'un ci-devant;
Chaque jour au club te rendras
Pour t'instruire solidement.

A la fin de chaque séance du club, on continuait à mettre à l'ordre du jour la vertu, la justice et la probité.

Le 3 prairial, la société décida qu'elle ferait une nouvelle épuration dans son sein.

Le 8 prairial, elle procéda, en présence d'Albitte et de Laporte, à l'épuration des officiers et des sous-officiers de la garde nationale ; cette opération se fit avec un certain appareil ; les élections de la garde nationale avaient été dénoncées le 26 floréal, par la première section, comme entachées de *modérantisme*. Les représentants annoncèrent à leur tour qu'ils avaient épuré les autorités constituées séantes à Grenoble.

Depuis un mois la municipalité de cette ville était privée de maire, voici à quelle occasion : un décret de la Convention du 27 germinal an II (16 avril 1794), venait de défendre aux ex-nobles d'habiter Paris, les villes fortes ou les places maritimes, sous peine d'être mis hors la loi dix jours après la promulgation du décret ; cette classe de citoyens ne pouvait pas, en outre, exercer des fonctions publiques. Cependant le comité de salut public était autorisé à retenir *par réquisition* les nobles qu'il croirait pouvoir être utiles à la République. Barral, maire de Grenoble, se trouva atteint par cette loi en sa qualité d'ex-marquis. Il donna sa démission de maire le 3 floréal (22 avril) ; il pria en même temps, par une pétition, le conseil général de la commune d'intervenir en sa faveur auprès du comité de salut public, et *de ne pas laisser confondre avec le nom des aristocrates celui d'un ami sincère de la liberté et de l'égalité, d'un homme dont les mœurs simples furent toujours en opposition avec le faste et les prétentions ridicules des privilégiés.*

« Citoyens, ajoutait-il, j'invoque votre témoignage; j'invoque celui des patriotes, amis de la révolution, avec lesquels j'ai constamment marché depuis 1789; avec eux j'ai bravé les partisans de l'aristocratie lorsqu'elle était encore menaçante; j'ai constamment soutenu la cause du peuple, et sur ma motion j'ai voté avec vous *guerre à mort aux ennemis du peuple français.* Ma présence dans cette commune ne peut déplaire qu'aux aristocrates et aux mauvais citoyens. Les patriotes m'ont accordé leur estime et leur confiance : aujourd'hui je leur demande protection auprès du comité de salut public; dites-lui que je ne mérite pas d'être privé des droits de citoyen. »

Le conseil approuva la demande de Barral par la délibération suivante :

Considérant que le citoyen Barral a le malheur d'être issu de la caste noble (ci-devant), mais qu'il n'en a jamais eu ni les vices ni les préjugés; que bien loin de là, dès le commencement de la révolution, il a été l'apôtre le plus ardent de la liberté et de l'égalité en marchant constamment dans la carrière révolutionnaire;

Que sa conduite ne peut pas être équivoque, puisqu'il a eu la confiance de la commune de Grenoble qui l'a appelé trois fois aux fonctions de maire qu'il a remplies de manière à justifier cette confiance et qu'il remplissait encore à l'époque du décret auquel il s'est soumis, en déclarant qu'il suspendait l'exercice de ses fonctions;

Considérant que le citoyen Barral a mérité par sa conduite la haine glorieuse de la caste privilégiée dont il était lui-même, ce qui prouve mieux que tout qu'il était digne et qu'il est digne encore d'être *sans-culotte*,

Le conseil général estime que le citoyen Barral ayant toujours été citoyen ne doit pas cesser de l'être; qu'il ne doit pas être confondu dans la proscription des nobles ses ennemis et des aristocrates les ennemis du peuple; qu'il y a lieu de demander au comité de salut public qu'il soit autorisé à exercer ses droits dans la commune de Grenoble, et que les motifs qui portent à faire cette demande doivent être répétés lorsque la liste des nobles et des étrangers de la commune sera envoyée au comité de salut public et de sûreté générale, à la forme de l'article 4 du décret du 27 germinal an II.

Fait au conseil général de la commune de Grenoble, le 7 floréal an II (26 avril 1794). Signé, etc.

Barral, qui ne songeait pas alors que quelques années plus tard il deviendrait baron et comte de l'empire et l'un des premiers magistrats d'un souverain absolu, obtint ce qu'il avait demandé et put résider à Grenoble. Nous n'avons pas su si la même faveur avait été accordée à Trouillon, qui se trouvait, comme ex-noble (1), également exclu des fonctions d'officier municipal : ses collègues avaient aussi intercédé en sa faveur.

Compagnon, Marceau, Couturier, Rigolier, Mollard et Bonnefoy avaient, pour d'autres motifs, cessé de faire partie de la commune.

Ainsi que nous l'avons dit, Laporte et Albitte s'étaient décidés à épurer les autorités séantes à Grenoble. Son arrêté en date du 8 prairial an II (27 mai 1794), était précédé des considérants suivants :

« Les représentants du peuple, considérant qu'il est instant que le gouvernement révolutionnaire soit établi dans toute sa force, dans la commune de Grenoble et dans le département de l'Isère; considérant qu'il est nécessaire que toutes les autorités soient complétées et composées d'hommes patriotes fortement prononcés pour la révolution; après avoir pris les renseignements les plus scrupuleux et les plus précis et consulté l'opinion des citoyens réunis en société populaire, arrêtent ce qui suit :

« Art. 1er. Les directoires, administrations, tribunaux et

(1) Il avait été anobli comme ayant exercé pendant vingt ans une charge de secrétaire du roi à la chambre des comptes.

comité de surveillance séants à Grenoble, seront définitivement composés comme ci-après :

DIRECTOIRE DU DÉPARTEMENT.

Duc, Drevon (Henri), notaire; Suat (Marc), agriculteur ; Giroud (Alexandre), imprimeur ; Martin (Joseph), ex-homme de loi ; Français (Antoine), de Nantes ; Gros (Gabriel), géomètre ; Pascal la Brunetière, cultivateur à Saint-Geoire; Royer (B), secrétaire.

DIRECTOIRE DU DISTRICT DE L'ISÈRE.

Boisverd, Cros, notaire ; Perret-Imbert, Perier (Gaspard), ex-greffier.

CONSEIL DU DISTRICT DE L'ISÈRE.

Point aîné, marchand; Bertrand, entrepreneur; Balmet fils aîné, marchand; Palais, de Lumbin; Bigillion, de la Bâtie, agriculteur ; Denantes (Hector), de Voiron, marchand; Marcel (Benjamin), de Bernin; Pouchot, notaire à Theys; Hilaire, ancien homme de loi, agent national; Desblaches, secrétaire ; Gauthier (Melchior), archiviste.

CORPS MUNICIPAL DE GRENOBLE.

Dumas (Victor), officier de santé, maire ;

Pèlerin (Pierre-Jacques) fils aîné, ceinturonnier; Grand (Pierre), cordonnier; Gravier (Laurent), vinaigrier; Clément (Claude), parfumeur; Gaudoz (Claude), gantier; Chabert (François) cadet, chamoiseur ; Giroud (Laurent), officier de santé; Guillermety (Jean-Baptiste), épicier; Grimaud (Daniel), ancien procureur au bailliage du Graisivaudan ; Bernard (François), entrepreneur ; Cheminade (Charles,) cartier ; Crolin (Jean), cultivateur; Legrand (Pierre-Henri), marchand de tabac; Baret (Antoine) aîné, maçon ; officiers municipaux ;

Teisseire (Hyacinthe-Camille), liquoriste, agent national ;

Barroil (Etienne) aîné, marchand de draps, substitut de l'agent national.

NOTABLES.

Buisson (Louis) neveu, marchand de draps; Breton (Pierre), apothicaire; Bariot (Julien), maître de la poste aux chevaux; Falcon (Jean-Charles), libraire; Besson (Barthélemy-Etienne) fils, vitrier; Mazet (Benoît), cordonnier; Cap-Devielle (Pierre), armurier; Blanc-Subé (Jean-Baptiste), architecte; Chavand (Jean) cadet, charpentier; Pyot (Jean-Louis) père, orfèvre; Liotard (Antoine), ancien gantier; Téron (Jean-Marc), graveur; Chevrier (Benoît), gantier; Gonnet (Claude), peigneur de chanvre; Terrier (Joseph), chamoiseur; Mollard (Etienne), horloger; Richard (François), épicier; Ducreux (Jacques) père, ex-receveur des contributions; Vizios (Antoine) cadet, orfèvre; Fantin (André-Balthazard), ex-prêtre, instituteur; Pascal (Antoine), ferblantier; Magnon (Antoine), teinturier; Sorrel (Jacques), peigneur de chanvre; Thibaud (Joseph) fils, gantier; Laville (Etienne), gantier; Joubert (Joseph), cordonnier; Beauthier (Jean-Baptiste), luthier; Rivière (Louis) père, chaudronnier; Paradis (Théophile) cadet, ferblantier; Michal (François) père, ex-notaire à Voiron.

Ils furent installés le 11 prairial an II.

COMITÉ DE SURVEILLANCE RÉDUIT A DOUZE MEMBRES.

Pyot fils, orfèvre; Poudrel, bourrelier; Gourdon cadet; Blanchon-Peccat; Coupon, bâtier; Giroud, gantier; Chevrier, gantier, rue St-Laurent; Reynaud (Jean), aubergiste; Romanet (Antoine), menuisier; Paradis aîné, ferblantier; Gardon, ex-prêtre; Chanrion jeune.

TRIBUNAL CRIMINEL.

Arthaud (Pierre-François), notaire, président; Couturier (Jacques-Nicolas-Joseph), accusateur public; Deschaux père, greffier.

JUGES DE PAIX DE GRENOBLE.

Dantard, Baudot, ex-prêtre; Chanrion aîné.

Ces nouvelles autorités, composées des éléments les plus révolutionnaires de la ville et du département, signalèrent leur installation par de nouvelles rigueurs et par des visites domiciliaires faites le 13 prairial avec un soin scrupuleux. La nouvelle municipalité arrêta le 20 du même mois que tout citoyen qui voudrait obtenir un certificat civique serait tenu de faire connaître sa vie politique depuis le commencement de la révolution; elle n'accorda ces certificats à l'avenir qu'avec de grandes difficultés. Peu de temps après, le 25 prairial, elle adressa à la Convention une pétition où elle demandait que par un décret spécial, tous les certificats civiques délivrés antérieurement à la loi du 14 frimaire, établissant le gouvernement révolutionnaire, fussent annulés, et qu'à l'avenir ceux qu'on accorderait cessassent d'être valables après trois mois. Le même jour, elle ordonna de rechercher avec soin tous les parchemins et titres nobiliaires, et de les envoyer au district.

Le 18 floréal (7 mai 1794), la Convention, sur la proposition de Robespierre, avait adopté un décret qui proclamait l'existence de l'Être suprême ainsi que l'immortalité de l'âme, et qui instituait en même temps des fêtes décadaires pour rappeler l'homme à la pensée de la divinité et à la dignité de son être. Pour obéir à une des prescriptions du décret, on grava le 7 prairial sur la façade de l'église Notre-Dame, qui quitta alors son nom de temple de la Raison pour prendre celui de temple de l'Être suprême, l'inscription suivante : *Le peuple français reconnaît l'existence de l'Être suprême et l'immortalité de l'âme.*

On se préparait en même temps à célébrer la fête de l'Être suprême, fixée par la Convention au 20 prairial. En attendant, la société des Jacobins, dans sa séance du 11 du même mois, avait décidé que le lendemain 12 elle célébrerait l'anniversaire de la chute des Girondins (31 mai 1793).

Elle fit fermer ce jour-là les magasins comme pour un jour de décadi. Le matin on prononça dans la salle du club plusieurs discours suivis de chants patriotiques ; on y lut ensuite le projet de la fête qui devait être célébrée à Grenoble le 20 prairial, en l'honneur de l'Être suprême : ce projet fut trouvé si beau, qu'on l'adopta avec enthousiasme et qu'il fut livré à l'impression. « La séance, dit le *Courrier patriotique*, se termina par des *clameurs civiques.* » A trois heures de l'après-midi, les représentants du peuple Laporte et Dumas (1), général de l'armée des Alpes, passèrent en revue sur la place Grenette la garde nationale et la troupe de ligne. La société des Jacobins y assistait en corps, précédée de sa bannière. On y vit aussi le bataillon de l'Espérance, composé, comme on l'a dit, des enfants de la ville dont on remarqua la bonne tenue. Cette revue fut interrompue à la fin par une pluie d'orage.

On continuait les préparatifs de la fête du 20 prairial. La municipalité, qui n'avait pas de fonds disponibles, était assez embarrassée pour faire les frais de la cérémonie ; elle y suppléa par des réquisitions et par une souscription plus ou moins volontaire ouverte dans chaque section. Le conseil général de la commune prit en conséquence, le 13 prairial, l'arrêté suivant :

Le conseil général, après avoir invoqué le nom de l'Être-Suprême, profondément pénétré de la nécessité de rappeler tous les esprits et tous les cœurs à ce dogme sacré, base de la moralité des peuples, source des vertus et conséquemment appui de la République, après avoir entendu le rapport de ses commissaires et la lecture du plan adopté par la Société populaire, arrête ce qui suit :

1° La fête de l'Être-Suprême, prescrite par le décret du 18 floréal, sera célébrée dans cette commune le 20 du présent mois de prairial,

(1) Père de l'écrivain Alexandre Dumas.

conformément aux vues générales du plan adopté par la Société populaire;

2° Le son de la cloche publique et des salves d'artillerie annonceront, dès cinq heures du matin, la solennité du jour. Les spectacles seront fermés ce jour-là;

3° On s'assemblera, à trois heures de l'après midi, au temple de l'Être-Suprême, situé dans cette commune. Le cortége se rendra au Champ de Mars dans l'ordre qui sera réglé;

4° Il sera élevé au Champ de Mars un temple d'une architecture simple et majestueuse. La cérémonie aura lieu dans ce temple, et lorsqu'elle sera finie, le cortége retournera, dans le même ordre, au temple de l'Être-Suprême, situé dans l'intérieur de la commune;

5° Les représentants, les autorités civiles et militaires et la Société populaire seront invités à assister à la fête;

6° La garde nationale, la compagnie de l'Espérance et les vétérans seront tenus de prendre les armes; ceux des citoyens qui ont un emploi dans la fête seront seuls exceptés; les généraux seront invités de faire prendre les armes à la troupe de ligne en garnison dans la commune;

7° Tous les chanteurs et musiciens, soit *amateurs* ou *artistes*, pris dans les deux sexes, *sont mis en réquisition* pour la fête; ils voudront bien déférer aux réquisitions du citoyen Lintant, chargé de la partie de la musique;

8° Les architectes, peintres décorateurs et ouvriers sont de même mis en état de *réquisition* pour la construction et décoration du temple de l'Être-Suprême, sous la direction et surveillance des commissaires de la commune et de la Société populaire.

Ceux qui n'obéiront pas aux réquisitions seront considérés et traités comme désobéissant au décret de la Convention nationale qui a prescrit la célébration de la fête;

9° Il sera formé un certain nombre de groupes qui porteront les bannières, les attributs et les caractères des grands objets qui font la matière des trente-six fêtes décadaires établies par la Convention;

10° Ces groupes se formeront et s'organiseront à la diligence des commissaires nommés par la société, et se rendront tous organisés à l'heure fixée au temple de l'Être-Suprême, situé dans la cité;

11° Tous les bons citoyens et bonnes citoyennes sont invités à déférer *aux réquisitions* des commissaires de la commune et de la Société populaire, soit pour entrer dans les groupes, soit pour les embellir et les décorer;

12° Il y aura deux commissaires particuliers attachés à la formation et direction de chaque groupe, outre les commissaires généraux qui veilleront à l'ensemble de la fête;

13° Les personnes des deux sexes sont invitées à se conduire avec l'ordre, la décence et la régularité nécessaires à la majesté de la fête;

14° Le présent arrêté sera imprimé, publié, affiché, etc.

Pour compléter ces détails, nous allons citer un extrait du programme imprimé (1) qui avait été adopté par la société.

. . . .

Le son des cloches, des salves d'artillerie, une musique solennelle, les acclamations du peuple, annoncent le départ du cortége. On voit une grande bannière, sur laquelle est inscrit le décret sur l'existence de Dieu et l'immortalité de l'âme; on porte aussi la déclaration des droits de l'homme et le simulacre de la Bastille. Sur une corbeille remplie de fleurs et de fruits, quatre vieillards portent le livre des lois; la statue de la Liberté et les bustes révérés des grands hommes sont aussi portés triomphalement. On voit paraître les représentants, les magistrats, la Société populaire, les généraux et des soldats, et les 36 groupes précédés de leur bannière défilent à leur suite.

Hercule, armé de sa massue, précède le char de la Révolution; une foule d'individus de tout âge, de tout sexe et de toute profession, se pressent autour de ce char et le font avancer avec rapidité; ils sont armés de piques, de fusils, d'instruments aratoires; ils traînent une pièce de canon et un char chargé de faisceaux d'armes. Ce groupe est la miniature d'un immense tableau; c'est celui du PEUPLE FRANÇAIS.

Un nouveau groupe paraît et se développe; des adolescents portent dans un fauteuil et triomphalement un vieillard décrépit, de jeunes filles donnent le bras à leur père, d'autres soutiennent des vieillards accablés sous le fardeau des ans et leur prodiguent les secours et les soins les plus tendres; c'est le groupe de la fête consacrée sous le nom de PIÉTÉ FILIALE.

Venez prendre place dans ce groupe, enfants respectueux et filles sensibles; la vertu n'a pas besoin pour elle-même de se montrer, mais nous avons, nous, besoin de la voir, de nous pénétrer de tout ce qu'elle a de tendre et d'auguste. Accourez, la loi vous appelle, la philosophie vous met en réquisition.

Bientôt on voit plusieurs berceaux couronnés de fleurs champêtres, des femmes pressent leurs nourrissons sur leur sein, d'autres conduisent leurs petits enfants par la main; d'autres, enfin, portent des langes et des jouets. Qui est-ce qui pourrait figurer dans le groupe de

(1) Cette pièce curieuse a été insérée dans la *Revue du Dauphiné*, tome V, page 22.

la TENDRESSE MATERNELLE, si ce n'est les mères elles-mêmes? quel peintre, quel écrivain put jamais se flatter de peindre le cœur d'une mère?

Une pompe toute sauvage se présente à nos yeux. Quatre laboureurs portent une charrue, surmontée du bonnet de la liberté. Douze jeunes moissonneuses armées de faucilles soutiennent des rubans tricolors attachés à la charrue; des vignerons portent un cep chargé de pampres et de fruits; d'autres portent des gerbes, des rameaux de mûrier, des patates avec leurs fleurs et leurs tubercules: une herse, des bèches, des faux, des socs, des pioches sont portés confusément; de jeunes filles conduisent à leur suite leurs agneaux les plus chéris, tandis qu'un chœur de bergers jouant du flageolet et du tambourin terminent ainsi le groupe de l'AGRICULTURE.

Vous qui façonnez le fer destiné à la destruction des tyrans, qui puisez dans les entrailles de la terre le sel dont les explosions doivent faire sauter tous les trônes, qui préparez les dons bienfaisants de la nature, et les offrez sous des formes aussi variées que les besoins et les jouissances de l'homme, accourez à notre voix, paraissez avec confiance devant l'Être-Suprême. Les nobles artificiels portaient des cordons, des croix et des crachats; vous, nobles de la nature, vous porterez le marteau, la scie, tous les instruments d'une INDUSTRIE utile pour la société et honorable pour vous.

Les soldats blessés ou mutilés dans les combats composent le groupe des MARTYRS DE LA LIBERTÉ. Les bustes de Marat et de Pelletier les accompagnent; les tristes et sanglantes dépouilles de ceux des nôtres qui ont été trouvés morts sur le champ de bataille sont offertes à la vénération publique; les élèves en chirurgie, les jeunes filles portant des linges et de la charpie, paraissent dans ce groupe, et donnent aux blessés les secours et les consolations que leur état exige.

On voit bientôt une charrette escortée par des gendarmes, sur laquelle se trouvent des chaînes brisées, des couronnes, des diadèmes; on porte au bout des piques, des tiares, des mîtres: on traine dans la boue des simarres, des armoiries et tous les odieux débris de la tyrannie et de la superstition. Ceci est le groupe des ENNEMIS DES TRAITRES ET DES TYRANS.

Mais bientôt une musique enchanteresse annonce que le groupe de l'AMOUR va paraître. Tout ce que l'empire de Flore offre de plus frais et de plus gracieux, tout ce que l'harmonie a de plus sensible et de plus tendre, tout ce que la beauté a de douceur et de prestige, contribue à la formation de ce groupe : une corbeille remplie de fleurs, d'où s'élèvent des colombes, est portée par de jeunes filles, vêtues de blanc. L'amour pudique, tel qu'une aimable fiction le peint dans les champs Elysées, est seul dans cette fête. Vous n'y paraîtrez pas, ô vous qui déshonorez votre sexe par la banalité de vos faveurs : nous ne souffrirons point que les Bacchantes se mêlent avec les Grâces; depuis qu'il n'y a plus de prêtres, il ne doit plus y avoir de courtisanes : les maisons de débauche ont dû disparaître en même temps que les confessionnaux.

Le cortége arrive au pied de la montagne, sur les bords du fleuve, au milieu d'un bois de tilleuls. Une partie du peuple est assise confusément sur le rivage, et répond aux acclamations de l'autre partie qui est placée sur la croupe de la montagne. Une flottille de barques ornées de fleurs et de banderoles navigue sur le fleuve au son des instruments. Des festons et des guirlandes réunissent ensemble les arbres et offrent ainsi l'emblème de la fédération future de tous les peuples libres.

Au milieu de l'Esplanade (1), s'élève sur un massif un temple de forme ronde. Une colonnade d'ordre corinthien soutient une charpente légère; le temple, ouvert de toutes parts, n'est couvert que de feuillages; le fût des colonnes est revêtu de guirlandes et de myrthes tournés en spirales, et les corniches et les chapiteaux sont couronnés de pervenches et de roses. Un drapeau tricolore flotte au haut du dôme, et des inscriptions gravées en lettres d'or annoncent que c'est ici le temple de l'ÊTRE SUPRÊME. Aux quatre angles du temple s'élèvent quatre petits pavillons, où sont placés les divers chœurs de musique qui doivent animer la fête.

Les représentants, les magistrats, la Société populaire et les généraux entrent dans le temple. Les groupes se placent tous autour avec leurs bannières; le peuple forme un cercle plus excentrique; une musique d'un genre solennel et sévère annonce qu'on va célébrer l'Être-Suprême, et que le peuple doit se recueillir dans un silence religieux. Une voix part du temple; elle invoque Dieu successivement par les attributs de toutes les vertus et de tous les grands objets qui composent les fêtes décadaires. Une invitation particulière s'adresse à chacun de ces groupes et y répond par une action et une musique analogues. Le groupe est admis dans le temple et il y dépose sa bannière.

Dieu, qui inspire le courage, est invoqué par l'orateur. Les clarinettes et les cymbales se font entendre. Le groupe du COURAGE court aux armes; il les frappe les unes contre les autres; une ardeur belliqueuse enflamme tout le groupe, leurs accents vont retentir au loin dans les montagnes.

On invoque Dieu, qui, au milieu des maux de l'humanité, plaça

(1) On verra plus bas que la fête n'eut pas lieu à l'Esplanade, mais au Champ de Mars.

l'AMOUR qui les fait oublier tous. On entend bientôt résonner dans le bocage une mélodie qui semble peindre les soupirs qui échappent à des cœurs nouveaux et la timidité des premières amours. Les jeunes filles couronnées de fleurs s'avancent, les yeux baissés, sur les marches du temple; les magistrats vont à leur rencontre, et les y introduisent.

L'orateur invoque Dieu, qui inspire la HAINE DES TYRANS ET DES TRAITRES. A l'instant les dépouilles odieuses et sanglantes de la royauté et de la superstition sont arrachées, avec indignation, par le groupe des ennemis de la perfidie et de la tyrannie; elles sont livrées aux flammes et offertes en holocauste sur les marches du temple de l'Eternel.

Mais bientôt des gémissements et des voix plaintives se font entendre. Des orphelins, en habits de deuil, des veuves couvertes d'un long crêpe, des femmes portant le cyprès lugubre et le triste mélèze; d'autres soutenant l'urne cinéraire de leurs frères chéris, de leurs amants morts aux champs de la gloire, se présentent au temple de l'Eternel. Le peuple, en les voyant, confond ses pleurs à leurs larmes. Ils vont chercher au temple un instant de soulagement à leurs MAUX.

L'orateur invoque Dieu qui donne le bonheur. Mais qui est-ce qui compose ce groupe....? ce n'est pas vous, riches égoïstes, qui, dans une oisive indolence, employez à réveiller des goûts usés une âme que le ciel vous donna pour penser et pour sentir: ce n'est pas vous non plus, hommes doubles qui caressez tous les partis, qui savez à la fois rire d'un œil et pleurer d'un autre; car Dieu mit au fond de vos cœurs l'inquiétude et le remords, pour nous venger de votre duplicité. Ce n'est pas vous non plus, cœurs arides, esprits étroits, vous qui prenez votre mesure pour celle de l'espèce humaine, qui ne croyez pas que rien au-delà puisse exister, qui renvoyez l'héroïsme au siècle de Caton, l'amitié aux temps burlesques des paladins, et l'amour aux siècles fabuleux de Saturne et de Rhée..... Mais vous y paraîtrez, vous honnêtes et laborieux artisans, environnés du trésor le plus précieux au cœur de l'honnête homme, de vos femmes et de vos enfants. Et vous aussi, jeunes pasteurs, vous y serez dans votre native simplicité, avec une houlette et un flageolet à la main. Et vous tous, qui remplissez les inspirations de la nature, les préceptes de la morale, les lois de la patrie, les commandements de la vertu, car c'est de tout cela que se compose le BONHEUR.

Une description particulière de chaque groupe serait monotone et superflue. Les sentiments sont vifs, les actions instantanées et rapides, mais les paroles sont mortes et traînantes. La pensée peinte sur le papier est beaucoup plus faible que celle qui est au fond du cœur. L'écrivain est toujours au-dessous de l'homme. Je ne sais s'il faudrait féliciter ou plaindre celui qui pourrait rendre tout ce qu'il sent. Il suffit de dire que les TRENTE-SIX groupes pris dans le type des fêtes décadaires instituées par la Convention paraîtront dans le temple de l'Eternel. La VÉRITÉ y sera avec son miroir; la JUSTICE, avec sa balance; la PUDEUR, avec son voile; le MALHEUR, avec son crêpe; le STOICISME, avec son épée; l'AMOUR, avec son myrthe; la FOI CONJUGALE, avec ses liens de soie; le BONHEUR, avec le sourire sur les lèvres.

Le MÉLODRAME sera conçu ainsi. L'orateur invoque Dieu du haut du temple, par l'attribut particulier à chaque groupe. Le groupe y répond par une action et un chant analogues. Il monte dans le temple avec sa bannière. Et ainsi de suite, jusqu'à ce que tous les groupes réunis retournent à la commune, dans le même ordre suivant lequel ils sont arrivés. Tous les détails seront annoncés par un règlement particulier.

Déjà les travaux sont en activité; les bois de construction sont prêts, et à la voix d'un artiste intelligent, ils vont se changer en un temple; des mains laborieuses préparent les costumes et disposent des guirlandes; plus d'une femme dessine déjà dans son imagination le trophée de l'amour et du bonheur. Dieu, la nature, la vertu et l'amour sourient à notre ouvrage. Pour la première fois, on voit s'élever un temple où la vérité et la raison pourront habiter.

Musiciens, décorateurs, architectes, sculpteurs ! vous êtes tous en réquisition pour orner le temple de l'Être suprême. Laboureurs ! couronnez vos charrues de fleurs, et retrouvez les instruments avec lesquels vous faites danser vos filles sous l'ormeau du village. Artisans ! composez des groupes et des trophées analogues à vos professions. Réunissez-vous tous au jour et au lieu qui vous seront indiqués. Un commissaire de la société veillera à l'arrangement et à la marche de chaque groupe. Citoyens et citoyennes ! vous avez tous une place dans la fête, soit comme pères ou comme époux, comme filles ou comme mères, comme heureux ou comme infortunés, comme jeunes gens ou comme vieillards. Le vice doit se cacher ce jour-là ; qu'il ne vienne pas flétrir la pureté de nos hommages, ni troubler la douce sérénité de ce beau jour. Que les patriotes et les révolutionnaires se montrent. Que ceux qui, avec un cœur droit, ont fait des fautes et non des crimes, s'en repentent et qu'ils les réparent. Nous n'adorons pas seulement le Dieu qui punit, mais encore le Dieu qui pardonne.

Tous les préparatifs étaient terminés pour le 20 prairial, mais le mauvais temps força de renvoyer la fête au 23, (11 juin 1794). Elle eut lieu ce jour-là ; on suivit à peu près le programme cité plus haut : trente-six groupes représentant les trente-six fêtes décadaires suivaient le *Char de la Révolution*. Dans ce char se trouvaient les plus jolies femmes de Grenoble qu'on avait mises en réquisition pour la fête; il aurait été dangereux pour elles de refuser cet honneur. On y voyait Mme R..., dont la beauté n'était pas gâtée par un peu d'embonpoint ; sur ses genoux se tenaient ses jeunes enfants : elle était le symbole de la maternité ; la belle Mme G., revêtue du costume du temps, représentait le génie de la France. Le temple du Champ de Mars, où se réunirent tous les groupes, était octogone ; il pouvait contenir 300 personnes dans son intérieur et sur ses marches. Une averse subite vint déranger la fête et obligea tous les spectateurs à gagner promptement leur demeure.

On laissa subsister le temple du Champ de Mars, qui devait servir le 26 messidor (14 juillet 1794), pour l'anniversaire de la prise de Bastille. Cette dernière fête fut également célébrée avec pompe. Le jour indiqué, le cortége se réunit sur la place Saint-André ; en tête marchait la musique, venaient ensuite un groupe portant des drapeaux et les bustes des grands hommes, des artilleurs avec leurs pièces, des hommes armés de piques surmontées de bonnets rouges, soutenant un plan de la Bastille en relief; ils étaient suivis du char de la Révolution traîné par huit chevaux blancs. Ce char ne renfermait pas les plus belles femmes de la ville, comme le jour de la fête de l'Être-Suprême, mais il était rempli d'hommes armés de pied en cap ; derrière le char suivaient les autorités, les membres de la société des Jacobins et les généraux. Les enfants du bataillon de l'Espérance étaient, comme à l'ordinaire, chargés de faire la police. Le cortége ainsi composé se rendit au Champ de Mars, où on avait élevé à 40 mètres du temple de l'Être-Suprême un petit fort en bois imitant la Bastille. Les autorités se dirigèrent d'abord vers le temple pour invoquer la protection de l'Être-Suprême ;

puis, tout-à-coup on entend le tocsin, les tambours battent la générale, le peuple en fureur se précipite sur la forteresse improvisée et la renverse. Les planches dispersées, on aperçoit une colonne avec cette inscription : *Bataille de Fleurus.— Prise d'Ostende.— Trente mille esclaves tués en 3 décades.— Respect et reconnaissance à nos armées, à la Convention et au peuple.* On exécute des chants et des rondes patriotiques autour de la colonne, quand tout-à-coup une fusée partie du temple vient mettre le feu à un amas de frocs et de capuchons de moine. Une source de vin jaillit d'un tonneau placé au pied de la colonne, et le peuple boit en criant, dit le journal du temps, *mort aux rois! guerre aux traîtres et aux fripons! amitié à tous les sans-culottes !* Le soir il y eut illumination et danses gratuites au son d'un orchestre bruyant; ce jour-là, des tables furent disposées le long des rues, et les citoyens pauvres et riches soupèrent à côté les uns des autres. *Malgré la pénurie des subsistances*, dit le *Courrier patriotique, on a mangé en communauté le brouet noir des républicains.* A minuit, suivant l'arrêté affiché par la municipalité, *les filles durent se retirer avec leurs mères et les femmes avec leurs maris* (1).

Ce même jour, 26 messidor, le buste de Marat avait été inauguré avec pompe sur la place aux Herbes par les magistrats, qui le couronnèrent de fleurs. Il reposait sur un piédestal de marbre noir. Marat était représenté la bouche ouverte (2).

Pour en finir avec les fêtes du temps, nous mentionnerons encore une autre fête célébrée à Grenoble, le 10 thermidor,

(1) On affectait dans ce moment une grande rigidité de mœurs; ainsi la municipalité défendit de jouer, comme pièce immorale, l'*Amphytrion* de Molière.

(2) Ce buste fut renversé par des mains inconnues au milieu d'une nuit d'orage, le 23 pluviôse an III, et relevé par ordre d'Hilaire. L'autorité supérieure ne le fit briser que le 15 ventôse an III (5 mars 1795).

pour honorer le dévouement des jeunes Barra et Agricole Viala (1). Les principaux acteurs de cette fête furent les enfants composant le *bataillon de l'Espérance.* Ce bataillon s'assembla à neuf heures du matin; huit des jeunes gens les plus grands portaient, de quatre en quatre, les étendards de Barra et de Viala et une urne cinéraire couronnée de fleurs; ils étaient suivis des autorités et d'un chœur de musiciens. Ils se rendirent, tambour en tête, sur la place Grenette, où les musiciens firent entendre des chants patriotiques. Les étendards furent déposés pendant ce temps au pied de l'arbre de la liberté. On se rendit ensuite sur la place aux Herbes, et l'on déposa une couronne de fleurs sur le buste de Marat. Le soir, les jeunes gens furent réunis dans la salle des Jacobins, et entendirent plusieurs exhortations patriotiques; l'un d'eux fit un discours, et le journal ajoute que, dans leur enthousiasme républicain, ils demandèrent à monter la garde et à partir même pour l'armée si le nouveau contingent de troupes demandé n'était pas complet.

Reprenons maintenant la suite des événements du temps.

Au commencement de messidor, on apprit à Grenoble la prétendue conspiration de Catherine Théos; la société saisit le prétexte de cette ridicule parade pour arrêter de nouvelles mesures de persécution contre les prêtres; ceux qui étaient emprisonnés étaient soumis à la reclusion la plus rigoureuse et à des privations continuelles. On leur offrait la liberté s'ils voulaient abjurer le sacerdoce et consentir à se marier. Quelques-uns succombèrent, ainsi

---

(3) De Barra, de Viala, le sort nous fait envie :
Ils sont morts, mais ils ont vaincu.
Le lâche accablé d'ans n'a pas connu la vie :
Qui meurt pour le peuple a vécu.
. . . .

A. Chénier.

que plusieurs religieuses. On se hâtait de proclamer dans le journal de Grenoble ces victoires sur le fanatisme. Voici une lettre écrite à cette occasion par Barroil, substitut de l'agent national de la commune de Grenoble.

Au rédacteur du COURRIER PATRIOTIQUE.

Je t'adresse, citoyen, l'acte d'abdication des citoyens *** et *** (1) ci-devant prêtres mis en liberté à la charge par eux d'abjurer solennellement les erreurs presbytérales, et sur leur promesse de contracter mariage. Celui qui obtient sa liberté au prix de rendre hommage aux principes de la philosophie et de la saine raison, et de suivre en outre la plus douce impulsion de la nature, ne doit pas craindre la publicité : je t'invite, en conséquence, à insérer dans ton journal l'extrait suivant, etc. (Suit le procès-verbal d'abdication de prêtrise.)

S'il y eut des prêtres qui succombèrent à la persécution, nous eûmes aussi deux martyrs de la foi ; ils furent du reste les seules victimes immolées par la révolution dans nos murs : c'étaient deux prêtres qui avaient voulu rentrer en France pour administrer dans les campagnes les secours de la religion ; l'un s'appelait Ravenas, né à Seyssel et autrefois vicaire d'Amézieu près Belley ; l'autre se nommait Guillabert (Joseph-Martin-Blaise), né à Forcalquelet, district d'Hières. Le premier était accusé d'avoir été *sujet à la déportation et d'être rentré sur le territoire de la République après en être sorti;* le crime imputé au second était d'avoir été *sujet à la déportation et de ne pas s'être présenté dans le délai accordé par la loi.* Ils convenaient des faits qui leur étaient reprochés ; la loi était précise : ils furent condamnés à mort le 8 messidor an II (26 juin 1794) et guillotinés le même jour sur la place Grenette. Le *Courrier patriotique* prétend que leur jugement et leur exécution furent suivis des plus vifs applaudissements et des cris de *Vive la République !* Les contemporains que nous avons consultés nous ont rapporté au contraire que ce fut avec peine qu'on se

(1) Nous croyons devoir taire ces noms.

décida à les condamner, et qu'on n'exigeait d'eux qu'un léger mensonge consistant à affirmer qu'ils n'avaient pas quitté la France et qu'ils n'avaient pas exercé les fonctions sacerdotales depuis les derniers décrets ; à ce prix, on leur promettait la vie ; il auraient, dit-on, refusé, préférant mourir plutôt que d'altérer la vérité. Ils subirent le dernier supplice sans ostentation et sans faiblesse, avec le calme et la résignation du chrétien.

Le 17 messidor (5 juillet 1794), le conseil général de la commune prit un arrêté pour changer les noms des rues de la ville qui rappelaient des idées religieuses ou aristocratiques (1). Cette manie de changer les noms qui rappelaient les idées de l'ancien régime n'était pas nouvelle : dans une séance de la Société populaire du 15 pluviôse (3 février 1794), un membre avait proposé sérieusement de changer le nom de Grenoble et de l'appeler *Grilibre*. Sa motion fut adoptée en principe, mais on ajourna la discussion sur le nom à substituer à celui de Grenoble. Par un décret de la Convention du 27 floréal an II, la commune de St-Martin d'Hère dut s'appeler *Hère-la-Montagne;* plusieurs autres communes des environs avaient aussi obtenu de changer de nom : Saint-Marcellin devint *les Thermopyles;* Saint-Antoine, *la Motte-Ferrand;* Saint-Jean de Bournay, *Toile à Voiles;* Saint-Ferjus, *la Tronche;* Saint-Ismier, *Manival;* St-Egrève, *Vence;* Saint-Laurent du Pont, *Laurent-Libre*, etc. Vienne se fit surnommer *la Patriote.*

La France était triomphante à cette époque. Ostende était pris ; la victoire de Fleurus (8 messidor (26 juin) nous avait ouvert la Belgique ; on gagnait du terrain aux Alpes et aux Pyrénées ; la France se préparait à de nouveaux

(1) Voyez la nomenclature des anciennes rues avec les dénominations nouvelles, pièce justificative II.

efforts, et Grenoble s'y associait avec activité. Le 11 messidor, un arrêté du représentant du peuple près l'armée des Alpes avait prescrit une levée de 1067 hommes dans le département de l'Isère. Sur ce nombre, la commune de Grenoble devait fournir un contingent de 220 conscrits.

Une souscription fut ouverte peu de jours après dans tout le département pour la construction d'un vaisseau de guerre. Le directoire avait pris l'initiative de cette œuvre patriotique (1) dirigée contre l'Angleterre, et à l'ouverture de chaque séance du club de Grenoble, les membres renouvelaient le serment d'*exterminer les Anglais;* déjà, le 14 messidor, la société avait voté une adresse à la Convention pour applaudir au barbare décret qui défendait de faire des prisonniers aux Anglais, et elle avait juré *haine et extermination* à ce peuple.

Pendant qu'à l'extérieur nos armées se couvraient de gloire, à Paris et dans presque toutes les villes de France le sang ruisselait sur les échafauds.

Dans Grenoble, où l'on ne comptait pourtant que deux victimes, la terreur ne régnait pas moins; le 1er messidor, toute réunion des sections fut défendue à moins d'une autorisation expresse de la municipalité. Une foule de surveillants espionnaient les habitants, surtout les négociants et ceux qui exerçaient des professions libérales. Sur le moindre soupçon, sur la moindre parole échappée, on était immédiatement séquestré, sans pouvoir communiquer avec ses parents et ses amis. Les détenus pauvres, qui recevaient trente sols par jour en assignats, pouvaient à peine suffire à leurs besoins; les riches étaient impitoyablement rançonnés; d'ailleurs, ils ne pouvaient toucher

(1) Voyez l'arrêté du directoire du 25 messidor, l'adresse du directoire aux citoyens du 27 du même mois, une adresse de la commune et l'arrêté des Jacobins du 2 thermidor.

directement qu'une faible partie de leur revenu (1) ; aussitôt qu'ils étaient emprisonnés, leurs maisons étaient envahies, les meubles et les papiers étaient fouillés, et le tout mis sous le séquestre. Un article du décret de la Convention portait que la table des suspects devait être *frugale*, et jamais article ne fut plus ponctuellement exécuté. Les détenus étaient renfermés dans la prison de la place Saint-André, qu'on appelait *la Conciergerie*, à Sainte-Marie d'en Haut et à l'Oratoire. Mais bientôt ces trois prisons furent insuffisantes, et on en créa une quatrième dite de *la Propagation*, dans l'ancien couvent de ce nom, situé à l'extrémité de la rue Saint-Jacques ; elle fut bientôt encombrée comme les autres. Au commencement de prairial, il se manifesta à la Conciergerie une épidémie de fièvre typhoïde qui fit beaucoup de ravages. L'ingénieur Dausse reçut alors le 27 prairial (15 juin), l'ordre de disposer le couvent de Sainte-Claire pour une nouvelle maison de détention, et plus tard, le 19 messidor (7 juillet), on se décida à relâcher soixante-sept suspects, pris surtout parmi les cultivateurs et les ouvriers.

L'insalubrité de ces prisons, occasionnée par l'encombrement, fut constatée officiellement par Morin et Heurteloup, inspecteurs des hôpitaux militaires et prisons de l'armée des Alpes. On lit ces mots dans l'un de leurs rapports : « *Que dirons-nous de ces maisons? rien qui soit à leur avantage relativement à la salubrité.* » La moins malsaine de toutes était celle de l'Oratoire, où étaient renfermées les femmes. Voici un passage du rapport cité plus haut, qui prouve que la manie de faire des phrases avait gagné même les

---

(1) L'art. 7 d'un arrêté des représentants, en date du 24 brumaire an II, portait que les biens des suspects seraient séquestrés jusqu'à la paix, qu'il ne leur serait laissé que le strict nécessaire, que les scellés seraient mis sur leurs papiers, et qu'un inventaire serait fait dans tous leurs domaines. (Voyez l'arrêté du conseil du district du 11 nivôse an II.)

fonctionnaires les plus sérieux : « La seconde prison dite « de l'*Oratoire* renferme des femmes, la plupart *béates* ci-« devant religieuses, quelques-unes de cette caste orgueil-« leuse que l'égalité ne veut pas reconnaître ; toutes tra-« vaillent. Le sans-culotte sourit en voyant des mains « qui autrefois faisaient des *agnus*, préparaient de déli-« cieux bonbons pour restaurer la poitrine d'un bien-aimé « directeur, de nobles mains qui jadis ne faisaient rien, « occupées aujourd'hui à faire des chemises pour nos « braves défenseurs, de la charpie pour panser leurs bles-« sures. Pourquoi ne donnerait-on pas aussi de l'occupa-« tion aux hommes détenus ? etc. »

En parcourant les dossiers relatifs aux suspects, on est frappé de la futilité des motifs de leur détention. En voici quelques exemples pris au hasard dans un registre qui se trouve aux archives de la préfecture :

Baratier (Thérèse), ex-religieuse, liée avec les dévots, d'un caractère flegmatique et sombre, n'ayant jamais aimé la révolution à cause de ses idées superstitieuses.

Goutefrey (Jean Berard), âgé de 64 ans, lié avec les aristocrates et les fanatiques ; caractère doux, opposé à tous les événements de la révolution à cause de ses opinions religieuses.

Désirat (Michel-Félix), a enseigné sans certificat de civisme, n'a pas voulu remettre ses *lettres de prêtrise ;* lié avec ses confrères, tous soupçonnés de fanatisme, s'est toujours tenu isolé pour ne pas avoir occasion de manifester ses opinions politiques.

Champel (Pierre-François), avocat, lié avec les ci-devant avocats et nobles dont beaucoup sont émigrés ; caractère doux, affable, manifestant peu ses opinions politiques.

Jacquemet fils, lié avec la robinocratie, caractère orgueilleux et trembleur, opposé de tout temps à la révolution.

Erga (Dominique), lié avec toute l'*agence (sic)* aristocratique ; caractère hautain et audacieux.

Chaléon (Pierre-Félix), lié avec les ci-devant nobles, d'un caractère doux et caressant, ne pouvant qu'être ennemi de la révolution par respect à sa famille.

Hache aîné (Jean-François), ébéniste, âgé de 65 ans, d'un caractère vif et impétueux, ne pouvant qu'être ennemi de la révolution parce qu'il tenait sa fortune des ci-devant nobles (1).

Virieu de Faverges (Joséphine), ne pouvant que haïr la révolution à cause de sa noblesse qu'elle regrette, etc., etc.

Le 21 floréal an II (10 mai 1794), le comité de salut public avait arrêté qu'il serait établi à Orange *une commission populaire composée de cinq membres, pour juger les ennemis de la révolution qui seraient trouvés dans les pays environnants, et particulièrement dans les départements de Vaucluse et des Bouches-du-Rhône.* Maignet, représentant du peuple, avait été chargé d'installer sans délai cette commission. Ce tribunal s'était mis à l'œuvre, et en moins de deux mois plus de trois cents têtes avaient été coupées.

Le bruit se répandit à Grenoble, à la fin de prairial, que nos prisons, trop encombrées, devaient fournir leur contingent à la commission d'Orange ; d'autres disaient que cette commission devait venir dans notre ville. L'inquiétude des détenus et de leurs parents fut extrême pendant un mois et demi. Les exaltés du club donnaient cette nouvelle comme certaine et dressaient d'avance des listes de proscription ; les représentants gardaient un silence désespérant.

Une circonstance sembla confirmer ces craintes, et doit faire croire qu'il avait été réellement question d'envoyer des

(1) Il était officier municipal ; la véritable cause de sa détention fut un procès qu'il voulait intenter à la commune.

détenus à Orange. En messidor et thermidor, un certain nombre de suspects parmi les plus compromis furent transférés de *Sainte-Marie d'en haut* et de la *Maison de la Propagation* à la *Conciergerie* (1), où ils prirent la place d'autres détenus politiques que l'on envoya dans les prisons que les premiers venaient de quitter. Il faut savoir qu'indépendamment des suspects, on renfermait encore à la Conciergerie les accusés de crimes et délits prêts à paraître devant les tribunaux. Tel était donc l'état d'anxiété dans lequel se trouvait notre ville. Heureusement le dénouement de la crise approchait, et peu après les événements bien connus du 9 thermidor an II (27 juillet 1794), en renversant Robespierre, vinrent mettre fin au règne de la terreur qui depuis un an pesait sur la France. La réaction thermidorienne qui succéda à ces temps de désolation se manifesta peu à peu dans Grenoble (2). Comme témoignage de l'impression qu'avait laissée parmi nous le souvenir de cette époque d'orages, nous citerons l'extrait d'une délibération du conseil général de la commune du 7 thermidor an III (25 juillet 1795).

Le conseil général, le procureur de la commune ouï, atteste qu'il est vrai que le terrorisme a régné à Grenoble depuis le 31 mai 1793, jusques et postérieurement au 9 thermidor de l'an II;

Qu'il est vrai que les citoyens qui étaient connus pour avoir manifesté leurs opinions contre les évènements du 31 mai, ou soupçonnés d'y être contraires, y ont été persécutés soit par menaces d'emprisonnement, soit par refus de certificats de civisme, soit par exécution d'emprisonnements arbitraires, et que plusieurs ont été obligés de se soustraire par la fuite à ces persécutions;

---

(1) De ce nombre se trouvaient de Viennois, de Bérenger, les deux freres de Moidieu, de Bardonenche, l'évêque Raymond, Revol, ex-constituant: Royer (Louis), ex-administrateur du département; d'Astre-Vigne, Tête-d'Armand, de Goutefrey, Colaud de la Salcette, Beaufort, Morel, Bourgeat, Blanc, ex-chartreux; Rosset (Jacques), ex-bénédictin; Pison et Rey, ex-chanoines; Anglès, etc.

(2) Voy. un arrêté municipal du 24 thermidor an III (11 août 1793), pièce justificative I.

Qu'il a été formé plusieurs listes de proscription par les comités de la société des Jacobins de Grenoble, ensuite de la commission expresse de ladite société; que sur ces listes il avait été porté un grand nombre de citoyens que la notoriété publique élevait à celui de huit cents, parmi lesquels se trouvaient principalement les gens d'affaires et les négociants.

Que les registres de la Société populaire ont été soustraits, et que les recherches faites par les autorités constituées n'ont pu encore les faire découvrir.

Nous voici arrivés au terme de la tâche que nous nous étions prescrite. Que conclure maintenant des événements accomplis pendant ces deux années ? Devons-nous craindre le retour de ces temps désastreux ? Nous ne le pensons pas : les circonstances ont changé, les résistances aux idées nouvelles et les préjugés ont disparu en grande partie, les mœurs se sont adoucies, et les leçons de l'expérience ne sauraient être perdues pour nous. Bornons-nous à constater un fait : abandonnée à elle-même, la population grenobloise a toujours été patriote, calme, amie de l'ordre et de la vraie liberté. Les malheurs, les souffrances et la tyrannie qu'elle a eu à supporter ont toujours eu pour origine *une influence étrangère*. La manie de singer la capitale, de vouloir être aussi bon *patriote* et aussi bon *sans-culotte* qu'à Paris, a dicté à nos autorités plus d'une mesure arbitraire. Grenoble a dû courber la tête sous le joug des représentants envoyés en mission, dont le despotisme ne peut être comparé qu'à celui des anciens proconsuls romains ; à eux appartient l'initiative de ces visites domiciliaires et de ces emprisonnements qui ont porté la désolation dans tant de familles ; ajoutons que les membres les plus exaltés du club étaient pour la plupart des étrangers.

Néanmoins, la population de notre ville a subi l'esprit de trouble et de désordre sans le partager. C'est en vain qu'on surexcitait son patriotisme dans l'espérance d'amener un moment d'égarement : elle savait toujours s'arrêter sur la limite du mal, tout en se dévouant à la chose publique. Que de malheurs et de souffrances eussent été évités, si elle eût toujours été livrée à ses propres inspirations ! La conduite des Grenoblois pendant les trois premières années de la révolution avait, du reste, suffisamment prouvé que chez eux le patriotisme n'avait pas besoin d'être éveillé. Terminons par cette seule réflexion : ce qui précède ne peut-il pas servir d'argument à ceux qui regardent comme chose utile dans une République la *décentralisation morale et administrative des provinces* ?

PIÈCES JUSTIFICATIVES.

I. — PIÈCE A.

(Page 8.)

Grenoble, par un arrêté de la municipalité en date du 1er avril 1791, était divisée en trois arrondissements et sept sections.

Le 1er arrondissement, dit *Oriental*, comprenait trois sections. La 1re, connue sous le nom de *Section de la rive droite de l'Isère*, ou 1re *Section*, plus tard *Section de la Fraternité*, était composée des rues Saint-Laurent, la Perrière et Chalemont, de tout le vignoble et de toutes les habitations qui se trouvent dans l'intérieur des murs. Le lieu de son rassemblement était l'une des salles de *la maison des Écoles chrétiennes*.

La 2me était connue sous le nom de *Section du Pont Saint-Jayme*, ou 2me *Section*, plus tard *Section de Marat* ou *des Piques*. Sa ligne de circonscription partait du pont de bois, et suivait le milieu des rues ci-après, *savoir* : la rue du Pont; la rue Marchande, partie de la place aux Herbes, la rue Pérollerie jusqu'à la place Notre-Dame, la rue devant l'Evêché, la rue du Vieux-Temple, jusques et inclus l'Oratoire, et se terminait aux remparts de la ville et à l'Isère. Le lieu de son rassemblement était l'*église des ci-devant Récollets*.

La 3me était connue sous le nom de *Section de l'Évêché* ou 3me *Section*, plus tard *Section de la Montagne*. Sa ligne de circonscription partait de l'Oratoire, et suivait le milieu des rues ci-après, *savoir* : la rue du Vieux-Temple, la rue devant l'Evêché jusqu'à la place Notre-Dame, partie de la rue Pérollerie jusqu'à la rue Sainte-Claire, ladite rue Sainte-Claire, la rue Pertuisière, partie de la rue Neuve depuis le collége jusqu'à la ruelle qui tend à la maison du Commandement et se terminait au rempart. Ladite maison du Commandement restait à la présente section, dont le lieu de rassemblement était l'*église des ci-devant Capucins*, et plus tard l'*église des Pénitents et le collége.*

Le 2me arrondissement, dit *Occidental*, formait aussi trois sections.

La 1re était connue sous le nom de *Section de la place Saint-André*, ou 4me *Section*, plus tard *Section de Mably*. Sa ligne de circonscription partait du pont de bois, et suivait le milieu des rues ci-après, *savoir* : la rue du Pont, la rue Marchande jusqu'à la place aux Herbes, partie de la rue Pérollerie jusqu'à la rue Sainte-Claire, partie de ladite rue Sainte-Claire jusqu'à la rue des Vieux-Jésuites ; ladite rue des Vieux-Jésuites; partie de la Grand'Rue jusqu'à la place Grenette, partie de ladite place Grenette jusqu'à la voûte d'entrée du Jardin de ville, lequel Jardin servait de limitation à la présente section, du côté du vent, inclinant au couchant; ladite ligne suivait ensuite partie de la rue du Quai jusqu'au bassin, et de là se terminait à l'Isère. Le lieu de son rassemblement était *la salle du Concert.*

La 2me était connue sous le nom de *Section du Quai* ou 5me *Section*, plus tard *Section de Brutus*. Sa ligne de circonscription, partant du bassin du Quai, comprenait entièrement le Jardin de ville, et suivait le milieu des rues ci-après, *savoir* : la partie de la place Grenette, depuis la voûte du Jardin de ville jusqu'à la rue Tout-Perce dite Saint-Louis; ladite rue Tout-Perce, jusques et incluses les Casernes, et se terminait à la porte de Bonne, aux remparts et à la rivière d'Isère. Le lieu de son rassemblement était l'*église des ci-devant Augustins*, plus tard, *l'hôpital général* dans l'*église*.

La 3me était connue sous le nom de *Section du Collége* ou 6me *Section*, plus tard *Section des Sans-Culottes*. Sa ligne de circonscription partait de la porte de Bonne, et suivait le milieu des rues ci-après, *savoir* : la rue des Casernes, la rue Tout-Perce, dite Saint-Louis; la partie de la place Grenette comprise entre cette dernière rue et la Grand'Rue; partie de ladite Grand'Rue jusqu'à la rue des Vieux-Jésuites; ladite rue des Vieux-Jésuites, partie de la rue Pertuisière jusqu'au collége, partie de la rue Neuve jusqu'à la ruelle qui tend à la maison du Commandement, ladite ruelle, et était terminée par les remparts de la ville depuis ladite maison du Commandement jusqu'à la porte de Bonne. Le lieu de son rassemblement était l'*église des ci-devant Dominicains*, et plus tard une *salle du collége.*

Le 3me arrondissement, dit *de l'Extérieur et des Faubourgs*, ne comprenait qu'une section, dite *Section des faubourgs* ou 7me *Section*, plus tard *Section des Bonnets-Rouges* : elle comprenait les faubourgs Très-Cloîtres et Saint-Joseph ainsi que la banlieue des Granges ; elle se rassemblait dans l'*église Saint-Joseph*.

II. — PIÈCE B.

(Page 11.)

L'arrêté suivant prouve que les exercices, à cette époque, n'étaient pas obligatoires comme aujourd'hui :

Du dix-neuf avril mil sept cent quatre-vingt-onze, le corps municipal, assemblé dans la maison commune;—Vu la pétition que les sous-officiers de la garde nationale de Grenoble ont adressée à la municipalité, exprimant le désir qu'il fût fait une proclamation à l'effet d'inviter la garde nationale de cette cité à un exercice général, les jours de dimanches et de fêtes, et que les sous-officiers prennent l'engagement de s'y trouver exactement ; — Et considérant que l'exercice militaire donne tout à la fois à des individus faibles et fragiles la force d'une masse imposante, et à cette masse la prestesse des individus ; qu'il est un des plus puissants moyens qu'emploie la tactique pour imposer aux ennemis, et par conséquent pour affermir et pour conserver la liberté et la paix, avec la gloire, et tous les biens qui suivent l'un et l'autre ;—Considérant encore que cet exercice, qui infuse à tous les hommes un sentiment de force, entretient aussi dans le citoyen cette activité précieuse et cette vigilance qui le préservent de la lâche indifférence et de l'abrutissante inertie de l'esclavage ; —Considérant enfin qu'un exercice général accoutume les citoyens à se voir, à s'unir et à s'initier tous mutuellement aux mystères, si voilés pour nous jusqu'à présent, de l'esprit public et des vertus patriotiques ; — A arrêté d'inviter tous les citoyens qui composent la garde nationale de cette ville à se réunir pour un exercice général, les jours de dimanches et de fêtes, notamment ceux auxquels doit être faite la visite des armes, à la conservation et à la bonne tenue desquelles la municipalité est chargée de veiller ; et enfin, à se préparer à renouveler le pacte fédératif, la fête civique universelle de la liberté et de l'union de vingt-cinq millions de Français. *Signé :* D'IZOARD, *maire :* MICHAL, GIRARD aîné, ARTHAUD, MICHAL, *négociant ;* PAQUES fils, CHEMINADE, ROSSET, MARCEL, PRUNELLE-DELIERRE, FELIX aîné, DUMAS, DUMOULIN aîné, NAVIZET père, BONNEFOY, *officiers municipaux ;* DELHORS, *procureur de la commune ;* JULLIEN, *secrétaire-greffier.*

Dans un autre arrêté de la commune, du 25 août 1793, on se borne simplement à inviter les citoyens à faire l'exercice chaque dimanche.

III. — PIÈCE C.

(Page 38.)

Copie de la lettre écrite par deux députés du département de l'Isère à la Convention nationale, aux administrateurs du même département.

Paris, le 5 juin 1793, l'an second de la République française.

Citoyens administrateurs,

J'apprends, d'une manière indirecte, que des personnes officieuses ont échappé, en assez grand nombre, jour par jour, depuis le 31 mai, à la surveillance des barrières, pour porter dans tous les départements de la République des nouvelles alarmantes sur la situation de leurs députés à la Convention nationale.

Plus vos députés vous sont chers, plus il est de mon devoir d'atténuer des bruits qu'un zèle indiscret a pu exagérer.

Sottise des deux parts est, comme vous le savez, la devise commune de toutes les querelles. Elle appartient plus particulièrement à celles qui ont affligé la Convention. Des hommes ardents, à qui je dois la justice de professer les vrais principes du républicanisme, les soumirent beaucoup moins à la discussion, avec le sang-froid qui convient à des législateurs, qu'à une acceptation d'autorité amère, ennemie de tout doute, et par conséquent maladroite.

De là des personnalités, des injures, l'éveil de toutes les passions et le rappel d'anciens torts, véritables ou supposés, entre des personnes qui devaient s'estimer réciproquement et marcher au même but.

Cet état d'exaspération s'accrut par la part qu'y prirent, et les habitués des tribunes, et les affiliés aux clubs, et les officiers de la commune, et les comités des sections.

L'oubli aurait fait justice de toutes ces sottises indécentes : des journalistes trouvèrent à propos d'en faire leur profit. C'en fut assez pour établir une ligne de démarcation entre les deux partis ; et au grand regret de cette majorité saine qui désire véritablement l'unité et l'indivisibilité de la République, nous les vîmes se qualifier puérilement, les uns, de *Montagnards*, les autres, *d'habitués de la Plaine* ou *du Marais*, et porter l'absurdité du ridicule jusqu'à faire dépendre le plus ou moins de patriotisme, soit de la position des banquettes dans l'un des côtés de la salle, soit de leur situation plus ou moins exhaussée.

Le collègue Servonat entre à l'instant chez moi ; il approuve ma démarche, et veut que cette missive lui soit commune.

Il serait inutile d'observer que la députation du département de l'Isère n'a point à se reprocher d'avoir pris part à cette scission funeste, qui nous a paru fomentée par des démagogues outrés, ci-devant moines, prêtres, ex-nobles ou étrangers à la République, et d'autant plus ennemis du peuple, qu'ils cherchent à le faire périr de misère en le traînant, d'insurrection en insurrection, dans la plus affreuse anarchie.

Malgré les entraves multipliées que des hommes de bonne foi, sans doute, mais trompés par ces ennemis masqués du sans-culotisme, ne cessaient de jeter au travers des discussions de la Convention, et notamment de celles qui avaient pour objet la Constitution républicaine, l'Assemblée parvenait à en décréter des articles, et déjà elle s'était occupée pendant trois séances de l'importante question *de la division des communes trop immensément populeuses*, lorsque les ennemis du peuple, visiblement soudoyés par nos ennemis intérieurs et extérieurs, renouèrent leur projet, qui avait été rompu le 10 mars, de dissoudre la représentation nationale.

Leur contre-révolution royale avait besoin d'être appuyée par des républicains chaleureux : ils ressuscitèrent, pour mieux couvrir leur marche, la vieille querelle des votes dans l'affaire de Capet ; ils reproduisirent une liste oubliée, qui avait été précédemment présentée à la Convention par la commune, pour la proscription de quelques députés; ils aigrirent les esprits sur la question *de la division des grandes communes ;* ils firent des dupes, qui le furent tous de bonne foi sans doute, d'abord par eux-mêmes dans les clubs; puis, par les clubistes dupés, d'autres dupes qui le furent également sans s'en apercevoir, soit dans la municipalité, soit dans quelques sections et auprès de quelques chefs des citoyens armés.

Une commission de douze membres qui avait été établie par la Convention, pour la recherche de cette contre-révolution royale, si adroitement masquée, trouva malheureusement sous sa main quelques chauds républicains dans la municipalité et dans une section, qui n'étaient que les dupes des véritables contre-révolutionnaires dont on voulait se saisir.

Ces bons républicains avaient donné l'exemple de la soumission aux mandats d'arrêt; leurs réponses et le rapport du comité auraient indiqué les vrais coupables : ceux-ci parèrent le coup avec la plus astucieuse adresse. Ils intriguèrent auprès des sections, de la municipalité, des clubs et d'une partie même de la Convention, en leur peignant ces arrestations comme des actes de tyrannie; ils firent encore des dupes partout. Un complot d'insurrection fut arrêté; le tocsin et le canon d'alarme, dans la nuit du 31 mai, déterminèrent les sections à stationner sous les armes dans leurs quartiers; quelques-unes se portèrent, armées, vers l'enceinte de la Convention, traînant des canons à leur suite; tout fut néanmoins tranquille, sauf l'Assemblée conventionnelle qui fut violemment fatiguée par les pétitionnaires et les vociférations des tribunes.

Même esclandre dans la nuit du 1er au 2 juin; on croyait avoir obtenu la paix par la suppression du comité des douze, lorsque vers les trois heures du même jour 2 juin, *la Convention fut de nouveau assiégée, mise en arrestation par le commandant de la force armée, dans le lieu de ses séances, violentée par les pétitionnaires et les tribunes, et* CONTRAINTE *de prononcer l'arrestation de tous ceux de ses membres que l'on voulut.*

La journée d'hier fut tranquille : la Convention présenta le spectacle d'un corps politique MUTILÉ. *La stupeur de l'avenir parait avoir anéanti tout courage.* On a des soupçons, sans doute faux, sur des projets présumés de la commune. On craint qu'elle ne cherche à sortir du niveau des autres communes de la République. Nous n'en avons aucune preuve.

Ce dont vous pouvez être certains, c'est que nos collègues sont, en l'état, sains et saufs, et que jusqu'à ce jour, nous n'avons qu'à nous louer de ce qui forme les véritables habitants de Paris.

Voilà, citoyens, les renseignements que nous vous devions, pour vous rassurer sur la situation de la Convention, sur notre position individuelle, et vous désabuser de tous les bruits exagérés, et surtout des faux bruits d'assassinats et de meurtres consommés.

Nous ajoutons que les mêmes épreuves sont réservées à toutes les législatures, lorsqu'elles siégeront dans une ville de huit à neuf cent mille âmes, qui est elle-même fatiguée d'un ramassis immense d'étrangers et de vagabonds.

Agréez, citoyens administrateurs, nos salutations fraternelles.

Signé: Servonat, Baudran.

P. S. — Nos lettres ne peuvent sortir de Paris sans être lues et décachetées par un certain comité révolutionnaire qui s'est arrogé ce droit *au préjudice de la liberté de penser et d'écrire :* on s'en plaint au moment même à la Convention, et telle est la force des ennemis de la liberté, que l'on vient de passer à l'ordre du jour.

IV. — PIÈCE D.

(Page 57.)

Règlement fait par les membres du comité de surveillance du chef-lieu de département, séant en la ville de Grenoble.

Du 9e jour de la 3e décade du 2e mois de l'an 2e de la République française, une et indivisible.

Liberté, Égalité, Sévérité, Justice, Exécution des Lois.

Telle est la devise des membres composant le comité de surveillance de la ville de Grenoble, et c'est sur ces bases que va porter le règlement sur leurs opérations et sur la police intérieure de leurs assemblées.

Article 1er. — Le comité est en permanence jusqu'à ce qu'il ait été délibéré autrement.

Art. 2. — En conformité de l'arrêté verbal pris en présence et de l'aveu du représentant du peuple Petit-Jean, toutes les dénonciations seront écrites et signées sur un registre qui sera destiné à cet effet; ceux qui les feront, indiqueront les preuves écrites ou les témoins qui déposeront sur les faits.

ART. 3. — Les dénonciations vagues et incertaines, sans désignation de faits et indication de témoins, seront considérées comme non avenues.

ART. 4. — Lors des dépositions des témoins, les commissaires qui seront nommés pour les entendre, ou le comité entier, s'il veut assister aux dépositions, on aura le plus grand soin de recueillir et de constater par écrit les preuves tant à charge qu'à décharge de l'accusé.

ART. 5. —Ce ne sera qu'après avoir discuté sur la dénonciation et sur les preuves, qu'il pourra être décerné un mandat d'arrêt ; il sera signé par tous les membres présents, qui ne pourront le lancer qu'au nombre de onze au moins.

ART. 6. — Il est recommandé à tous les membres de se pénétrer de leurs devoirs ; en conséquence, de se préserver de toute prévention et partialité, et plus encore de toute haine et inimitié.

Police intérieure.

ART 7. — Il est défendu à tous les membres de parler avant d'en avoir demandé et obtenu la permission du président, et la parole ne pourra être accordée que trois fois sur le même objet.

ART. 8. —Il est également défendu à tous les membres d'interrompre celui qui parle, sous quelque prétexte que ce soit ; au président seul est le droit de le rappeler à l'ordre, si on s'écarte de la question, ou que l'opinant se permît d'enfreindre le règlement.

ART. 9. — Enfin, il est défendu à tous les membres de s'injurier ni menacer pendant ni après les discussions.

ART. 10. — Pour chaque contravention aux art. 6, 7 et 8 ci-dessus, ceux qui les commettront sont dès à présent condamnés en 5 liv. d'amende, applicable aux pauvres ; et à la quatrième contravention, celui qui la commettra sera rayé de la liste des membres du comité; il le sera aussi, faute du paiement de l'amende encourue; à cet effet il sera fait mention sur le registre des contraventions et des contrevenants.

ART. 11. — Tous les membres se rendront à la salle des séances aux jours et heures qui seront indiqués par les billets d'invitation, qui seront signés par le président ou le secrétaire ; en cas d'absence ou de maladie, ils feront avertir, à peine de l'amende de 5 liv. applicable comme dessus.

ART. 12. — Les membres qui seront chargés de rédiger des dispositions ou de faire un rapport, s'en occuperont toutes affaires cessantes.

ART. 13. — Les présidents et secrétaires seront changés tous les quinze jours, à moins qu'on veuille les continuer; ceux qui remplaceront, seront nommés à la pluralité des suffrages.

ART. 14. — Le président et le secrétaire arrêteront les états des dépenses nécessaires au comité et en signeront les mandats, conformément à l'arrêté du représentant du peuple, du jour d'hier.

Art. 15. — Lorsque les séances du comité seront suspendues, il y aura toujours au bureau le président et deux membres à tour de rôle, depuis dix heures du matin jusqu'à midi, et depuis cinq heures du soir jusqu'à sept, pour recevoir les dénonciations qui pourront être faites et les inscrire sur le registre destiné à cet effet et faire la correspondance; s'il arrivait des cas extraordinaires, lesdits membres convoqueront sur-le-champ le comité.

Art. 16. — Les membres qui seront de service au bureau et qui ne peuvent pas s'y rendre, sont autorisés à se faire remplacer par un membre du comité; à son défaut, le membre qui devait être de service sera amendé de 5 liv.

Art. 17. — Le présent réglement sera imprimé et distribué à chaque membre.

Tous les membres présents ont signé.

Pour extrait conforme à l'original :
Signé Rivier, *président* ; Pyot *fils*, *secrétaire*.

V. — PIÈCE E.

(Page 58.)

Extrait du registre des délibérations du conseil municipal de Grenoble.

Du 30 brumaire an II (20 novembre 1793), le conseil municipal assemblé, il s'est présenté le citoyen Chépy, qui a dit qu'il parait à la barre ensuite de l'invitation qui lui en a été faite hier, par lettre, à l'effet d'édifier le conseil municipal sur le droit qu'il a de fixer son séjour en cette ville; et, en conséquence, il a déposé sur le bureau plusieurs pièces, entre autres une du comité de salut public, et il a invité le conseil municipal d'en prendre lecture.

Le conseil municipal ayant examiné les pieces remises sur le bureau par le citoyen Chépy, reconnait qu'il est autorisé par le comité de salut public à séjourner en cette ville.

VI. — PIÈCE F.

(Page 69.)

Lettre d'Emery, officier municipal de Commune-Affranchie, à Gracier, frère du juré.

Commune-Affranchie, le 2 pluviôse, l'an second la République une et indivisible (21 janvier 1794).

Concitoyen,

Le conseil général de la commune de Grenoble, dont tu es membre, vient de faire passer en notre commune une espèce de réponse à des imputations qui vous ont été faites.

Permets-moi de te dire que cet ouvrage, selon moi, est des plus mauvais: que le tout annonce le modérantisme le plus caché, et l'aristocratie y montre à découvert le bout de l'oreille.

Vous dites « *que vous avez préservé votre cité de ces spectacles de « sang qui révoltent.* »

N'est-ce pas dire que vous blâmez les mesures qui ont été nécessaires pour faire la révolution, et même celles qui s'exécutent présentement dans les départements, pour purger la terre de la liberté de toute cette secte qui la trouble et qui voudrait l'anéantir!

Vous dites « que vous vous êtes assurés des traîtres, que vous les « tenez sous le verrou national. »

Le seul verrou national, pour les traîtres, doit être celui de la guillotine : tout autre est mauvais; en doutes-tu encore ?

« Vos mains sont encore vierges de sang. »

Comment osez-vous le dire? N'est-ce pas insulter cette vengeance populaire qui a été si nécessaire, puisque ces monstres, avec leur or, endormaient juges et lois? Quoi! Grenoble, naguère ville de parlement, n'ayant pas eu la force de faire couler le sang des traîtres, regretterait et reprocherait aux autres départements d'en avoir fait verser! Cela surpasse l'imagination! Voilà, voilà comment raisonnait Lyon avant le 29 mai, et ce raisonnement a été sa chute, parce que les scélérats n'ayant pas été punis, ils se sont levés et ont terrassé les patriotes. Où diable avez-vous puisé ce langage? Je vous l'aurais à peine pardonné du temps de l'Assemblée constituante. Cela seul vous mérite *une bonne commission temporaire et une bonne commission révolutionnaire comme chez nous :* AUSSI CELA VA; et morbleu, si nous l'eussions eue avant le mois de mai, Lyon serait encore Lyon, les scélérats n'auraient pas égorgé les patriotes, et le Midi aurait resté tranquille. *Réveillez-vous donc, faites juger ces traîtres à* MORT, *oui à* MORT, et ressouvenez-vous, et toi ressouviens-toi, *que si le peuple avait partout gardé ces mains vierges dont vous vous vantez, eh bien! ces mains auraient des fers, et nous aurions encore rois et tyrans.* Celui qui vous a rédigé cela a voulu dire tout nettement : Si nous n'avons pas encore les lois de 89, ce n'est pas notre faute.

Poursuivons.

« Nous ne retracerons point les offrandes faites à nos frères d'armes : ils ont donné leur vie. »

Depuis quand l'or, que le riche donne par peur, égale-t-il la vie du brave? Dans quel pays avez-vous puisé ces principes? Il semble que vous dites : Toi, tu as été tué en défendant la patrie, moi j'ai donné une faible partie de mon superflu, eh bien, nous voilà au niveau. Comment, *Gravier*, toi, tu as pu signer cela, toi, l'ami du peuple!

reviens, reviens de ton erreur, et conviens que voilà de grandes sottises en patriotisme.

Lorsque Lyon osa rompre l'indivisibilité de la République, que fîtes-vous alors? On ne l'ignore pas; pas toi, mais la ville de Grenoble y envoya des députés qui disaient que les Lyonnais étaient des modérés, et *que vous, quoique sous les yeux des représentants et cernés de baïonnettes*, que vous délibériez pour secouer l'anarchie. Ignores-tu que ce mot d'*anarchie*, dans la bouche de ces messieurs, voulait dire de tuer la *montagne* et tous les sans-culottes, après ce, appeler un roi pour régner sur les gens comme il faut, ainsi qu'ils se qualifient?

Vous dites : « Est-il un sacrifice que nous n'ayons fait? »

Mais, mon ami; un patriote qui aime la liberté ne fait jamais de sacrifices, parce que, de droit, il se doit tout entier à sa patrie; car est-ce faire des sacrifices que de travailler pour être heureux? L'homme qui travaillait pour devenir grand et puissant, dans l'ancien régime, faisait-il des sacrifices? non, parce que tout se rapportait à lui. Eh bien, mon ami, quelle est la richesse du vrai ami de l'humanité? la liberté, oui, la liberté; elle seule doit faire la richesse du républicain. Il n'y a que les lâches, les prêtres et les nobles, que ces coquins, enfin, qui font des sacrifices, parce que ce qu'ils font est forcé, alors voilà le sacrifice; mais le patriote n'en fait jamais quand il travaille pour le bonheur de son pays.

« On dit, à Paris, que notre système de clémence avait fait sourire les aristocrates de Ville-Affranchie. »

Ah! c'est présentement qu'on peut le dire, puisque vous seriez révoltés de voir couler le sang des traîtres, qu'heureusement vos mains sont vierges! Ma foi, qui vivra verra! Que diable voulez-vous que la République dise de vous? Selon moi, cela finira mal.

Mais poursuivons.

« Ces monuments sont impitoyablement fermés ou changés. »

Mais, dis-moi (ou bien je vois bien mal), si le plus zélé et le plus coquin de tous les prêtres pourrait mieux parler? En vérité, en vérité, tu n'avais ni yeux ni oreilles quand tu as signé cela : car *impitoyablement fermés*, c'est un peu fort. Les Parisiens disent que vous n'*êtes pas au pas*; ah! certes, ils ne se trompent pas. Il m'a été impossible de lire tout cela sans t'en témoigner ma surprise. Je suis trop ami de ton frère pour te taire mon opinion sur cette réponse, que j'appelle *vrai discours contre-révolutionnaire.*

Si je ne me trompe, c'est bien mauvais. Certes, si on demandait mon avis dessns, *je voterais pour votre arrestation*, provisoirement; car il y a encore quelque chose là-dessous, et celui qui l'a rédigée n'est pas patriote. Je présume que quelqu'un y répondra. Vous en avez trop fait distribuer pour qu'elle reste au néant. Que dois-tu faire en pareil cas? Le voici : c'est de protester contre la signature, de suite et de suite, et voir de très-près quelles sont les mœurs républicaines du rédacteur, principalement ses liaisons, et ce qu'il a fait depuis 89 et avant; car il ne faut pas se fier à ceux qui viennent présentement se jeter à corps perdu parmi nous.

Il y a de vrais sans-culottes dans Grenoble, et certes, il a bien fallu qu'il s'en soit trouvé, pour repousser cette secte départementale. Je sais bien que tu as été un de ceux qui ont le plus combattu contre cette horde scélérate. Malgré tout cela, il faut lutter pour ne pas retomber dans une semblable crise. Que le passé nous serve d'exemple : ayons-le sans cesse sous les yeux, et alors le modérantisme ne renaîtra pas. Réfléchis à ce que tu dois faire, l'amitié que j'ai pour ton frère m'a fait faire ces réflexions.

Salut, santé, courage, nos ennemis à mort, vive la République!

Signé L. EMERY, *officier municipal.*

VII. — PIÈCE G.

(Page 76.)

Arrêté du conseil général de la commune, du 3 pluviôse an II (22 *janvier* 1794), *concernant la fixation des repas.*

Considérant que dans un moment où les habitants de la cité éprouvent les plus grandes difficultés pour l'approvisionnement en comestibles et denrées, il est nécessaire de remonter à la cause de cette pénurie, qui peut avoir les suites les plus funestes;

Considérant qu'elle existe dans la scandaleuse profusion qui règne chez les traiteurs et aubergistes, où vont s'engloutir toutes les provisions enlevées à l'existence journalière des habitants;

Considérant que la *sobriété* et la *tempérance* sont des *vertus républicaines*, et que celui-là n'est pas républicain qui s'en écarte au détriment de son frère qui peut manquer du nécessaire;

Considérant qu'il est de la plus grande importance de faire exécuter la loi du *maximum* dans toute sa rigueur,

Le conseil général a arrêté de fixer les repas ainsi qu'il suit :

ART. 1er. — *Premier repas à vingt sous.* — 1° *Diner.* — Il sera composé d'une livre de pain, chopine de vin, la soupe, demi-livre de viande bouillie ou l'équivalent en maigre. — 2° *Souper.* — Il sera composé d'une livre de pain, chopine de vin, demi-livre de viande rôtie ou en ragoût ou l'équivalent en maigre, et une salade.

ART. 2. — *Second repas à trente sous.* — 1° *Diner.* — Il sera composé d'une livre de pain, chopine de vin, la soupe, demi-livre de bouilli, demi-livre de viande en ragoût ou l'équivalent en légumes ou poisson, et du dessert en fromage ou fruits. — 2° *Souper.* — Il sera composé d'une livre de pain, chopine de vin, demi-livre de viande rôtie, un entremets ou l'équivalent en légumes ou poisson, une salade et un dessert en fromage ou fruits.

ART. 3. — *Troisième repas à quarante sous.* — 1° *Dîner.* — Il sera composé d'une livre de pain, chopine de vin, la soupe, demi-livre de bouilli, un ragoût, un hors-d'œuvre ou l'équivalent en légumes ou poisson, un rôti et du dessert en fromage et fruits. — 2° *Souper.* — Il sera composé d'une livre de pain, chopine de vin, un ragoût, un entremets ou l'équivalent en légumes ou poisson, un rôti, une salade et du dessert en fromage et fruits.

ART. 4. — Il est enjoint à tous cabaretiers, traiteurs, aubergistes et autres de se conformer aux articles ci dessus, sous peine d'être punis conformément à l'art. 7 de la loi du 29 septembre, et d'être traités comme *suspects ;* défenses leur sont faites de donner à manger au-delà du prix fixé par l'art. 3 ci-dessus, sous les mêmes peines.

ART. 5. — Tous les citoyens sont invités de se conformer à la présente fixation et de dénoncer les contraventions, sous peine d'être regardés comme réfractaires à la loi du *maximum* et punis comme tels.

ART. 6. — La présente sera imprimée, publiée et affichée aux lieux accoutumés et dans l'intérieur des auberges, cabarets, hôtelleries ou autres lieux où l'on donne à manger, afin que personne n'en puisse prétendre cause d'ignorance.

ART. 7. — Il est enjoint aux commissaires de police de tenir la main à l'exécution de la présente délibération, et ont les délibérants signé, etc.

VIII. — PIÈCE H.

(Page 98.)

RUES. — La rue Saint-Laurent fut nommée rue *de la Montagne ;* — la rue Chenoise, rue *Vocanson ;* — la rue du Pont Saint-Jayme, rue *de la Citadelle ;* — la rue du Vieux-Temple, rue *de la Force ;* — la rue Très-Cloîtres, rue *des Bonnets-Rouges ;* — la rue Sainte-Ursule, rue *Déserte ;* — la rue des Houliers, rue *du Fer à-Cheval ;* — la Grande Rue Neuve, rue *des Tuiles ;* — la rue Saint-Jacques, rue *des Sans-Culottes ;* — la rue de Bonne, rue *de la République ;* — la rue de Sault, rue *de la Victoire ;* — la rue Créqui, jusqu'à la rue de Bonne, rue *du Rempart ;* — la rue Créqui, de la rue de Bonne à la rue Saint-Louis, rue *des Piques ;* — la rue Créqui, de la rue Saint-Louis à la rue de

France, rue *des Baïonnettes;* — la rue Saint-Louis, rue *Martiale;* — la rue Saint-François, rue *de la Fraternité;* — la rue Bressieux, rue *de l'Hospitalité;* — la rue Saint-Pierre, depuis rue Saint-Nicolas, rue *de l'Arsenal;* — la Grand'Rue, rue *de la Régénération;* — la rue Saint-André, rue *de l'Egalité;* — la rue du Palais, rue *de la Constitution;* — la rue Brocherie, rue *Marat;* — la rue du Chapelet, rue *Passe-Vite;* — la rue des Voûtes de Notre-Dame, rue *de la Raison;* — la rue Bayard, rue *de la Révolution;* — la rue des Prêtres, rue *de la Convention;* — la rue Sainte-Claire, rue *de l'Union;* — la rue des Clercs, rue *Mably;* — la rue des Vieux-Jésuites, rue *Jean-Jacques Rousseau;* — la rue de la place Grenette à la Halle, rue *de l'Abondance;* — la rue communiquant de la rue de Bonne à la Halle, rue *de la Halle;* — la rue au levant de la Halle, venant de la rue Neuve, rue *de la Liberté.*

Places. — La place Notre-Dame, place *de la Raison;* — la place des Tilleuls, place *de la Convention;* — la place aux Herbes, place *Marat;* — la place Saint-André, place *de la Constitution;* — la place Neuve du Département, place *de l'Egalité;* — la place Grenette, place *de la Liberté;* — la place Saint-Louis, place *Martiale.*

Portes. — La porte Saint-Laurent, porte *de la Montagne;* — la porte de Très-Cloîtres, porte *des Bonnets-Rouges;* — la porte de Bonne, porte *de la République;* — la porte de la Graille, porte *du Cours.*

Faubourgs. — Le faubourg Très-Cloîtres, faubourg *des Bonnets-Rouges;* le faubourg Saint Joseph, faubourg *des Tuiles.*

Cet arrêté fut abrogé par la municipalité le 9 prairial an III (28 mai 1795). Auparavant, deux autres arrêtés municipaux, du 26 février et du 28 juin 1792, avaient dénommé plusieurs nouvelles rues et places, et changé le nom de quelques autres. Ainsi, la rue Saint-André devait s'appeler *rue Mirabeau;* la rue de la Halle, *rue Grenelle;* la portion de la rue Lafayette devant la halle, *rue Mably;* la rue tendant de la rue de Bonne à la place de la Halle, *rue de la Halle;* la place Grenette, *place de la Liberté;* la place Saint-André, *place de la Constitution;* la place Neuve, *place du Département;* la rue allant de la rue Neuve à la place des Tilleuls, *rue Bayard*: c'est la seule qui ait conservé son nom.

IX. — PIÈCE I.

(Page 103.)

Délibération du conseil général de la commune de Grenoble.

Du 24 thermidor, an III de la République française (11 août 1795.)

Le substitut du procureur de la commune a dit que depuis plusieurs jours, des troubles se manifestent dans la commune; que la surveillance la plus active a été employée pour empêcher que les scènes scandaleuses qui ont eu lieu ne fussent ensanglantées; qu'on ne peut se dissimuler que d'un côté de bons citoyens s'égarent, comme il en est de mauvais qui cherchent à les égarer; que c'est à leurs magistrats à les ramener dans la ligne du devoir, et à les garantir des piéges tendus à leur bonne foi; que d'un autre côté, des partisans de la terreur regrettent et pleurent sa destruction; que ces derniers surtout fomentent les troubles, s'agitent pour amener le désordre et l'anarchie; que ce matin, le tribunal de police a rendu jugement qui défend à Falcon de laisser son cabinet ouvert la nuit; qu'il est d'autres mesures à prendre, sur lesquelles le conseil général aura à délibérer.

La première, d'empêcher toute réunion, tout point de rassemblement entre les citoyens qui ont été compris dans la liste du désarmement, et ce sous quel prétexte que ce soit;

La seconde, d'inviter les citoyens à ne se permettre aucune qualification offensante et propre à réveiller l'esprit de parti;

La troisième, d'enjoindre aux citoyens compris dans la liste du désarmement d'être retirés chez eux dès l'approche de la nuit;

La quatrième, de déclarer que la loi sur les attroupements sera exécutée dans toute sa rigueur contre ceux qui se trouveront en station, tant sur les places publiques, qu'au-devant des cafés et autres lieux publics;

La cinquième, de se déclarer en permanence, jusqu'à ce que le calme soit parfaitement rétabli;

La sixième, de requérir des patrouilles nombreuses et en force suffisante pour arrêter les coupables, comprimer les malveillants et les punir à l'instant; que c'est par ces voies que le bon ordre sera promptement rétabli; qu'on doit surtout apporter dans l'exécution des mesures proposées la fermeté qu'exigent les circonstances; qu'il n'est plus temps d'user des voies lentes qui ont été employées jusqu'ici; qu'il est du devoir de la municipalité de se prononcer; que c'est dans les moments difficiles que l'insouciance, la faiblesse, la tolérance et les divisions enfantent des milliers de crimes; que spécialement chargée du maintien du bon ordre, ayant à sa réquisition toute la force armée, elle doit employer tous les moyens mis dans ses mains pour faire respecter la loi et l'autorité; que s'il arrive que le petit nombre d'êtres immoraux, flétris dans l'opinion publique, se fassent des partisans, ceux-là doivent être ramenés aux vrais principes; mais que s'ils persistent, ils doivent être signalés et leurs noms figurer à côté de ceux compris déjà dans la liste honteuse des citoyens qui, pendant le cours de la révolution, se sont montrés les partisans du crime et de la terreur; qu'il faut apporter la même surveillance, la même sévérité à l'égard de ceux qui se cachent derrière le parti opposé, pour attiser le feu de la discorde ; qu'enfin la municipalité doit poursuivre courageusement les mauvais citoyens partout où ils se trouvent, de quel voile qu'ils cherchent à se couvrir, et que dût-elle dans ses recherches s'exposer à des erreurs, elle aura bien mérité de la patrie, elle se sera montrée digne du poste qu'elle occupe, quand elle aura ramené promptement la tranquillité publique.

La matière mise en discussion, le conseil général de la commune a délibéré ce qui suit :

Article 1er. — Il est défendu à toutes personnes dont les noms suivent, comprises sur la liste de ceux qui ont participé aux horreurs commises sous la tyrannie, de se rendre dans la boutique de Falcon et le café Dumas, et dans tout autre lieu public, à peine de huit jours de détention et même de plus grande peine s'il y écheoit.

Suivent les noms desdites personnes : Héraud, officier de santé ; Baroil aîné ; Cucher, commis de Baroil ; Dumas, officier de santé ; Gros, géomètre ; Pélerin fils, ceinturonnier ; Fournier, bourrelier ; Jourdan, marchand de vin ; Teron, graveur ; Pirodon, maître d'armes ; Keffer, fourbisseur ; Richard, épicier ; Pascal, ferblantier ; Poudret, bourrelier ; Pecat-Blanchon, cordonnier ; Falcon, libraire ; Michal, dit Anodin ; Louis Giroud, gantier ; Chevrier, gantier ; Roux, ferblantier ; Crollin, cultivateur ; Magnon, teinturier ; Coupon, bourrelier ; Paradis, ferblantier ; Dufresne, horloger ; Conord fils, gantier ; Veyret, gantier ; Cotte fils, gantier ; Reynaud, cabaretier ; Beauthière, luthier ; Chabert, ex-curé des Cottes ; Argoud aîné ; Jay, ci-devant garde-bois ; Morestin, perruquier ; Sorrel, peigneur ; Caillat-du-Sozey ; Chanrion cadet ; Romanet, menuisier ; Cap-Devielle, fourbisseur ; Darier, gantier ; Meyer, fripier ; Lajon, maréchal ; Polican, fripier ; Lebreton, commis ; Chapot aîné ; Guerin, officier de santé ; Compagnon, sous-aide-major de la place ; Grange, ci-devant grand-vicaire ; Cadou, imprimeur ; Piot fils, orfèvre ; Gardon, ex-prêtre ; Gravier, vinaigrier ; Lejat, menuisier ; Laloze fils, gantier ; Paradis, charpentier ; Bigot, perruquier ; Cœur-Bizot, peigneur ; Claude Gonnet, peigneur ; Terrier, chamoiseur.

Art. 2. — Les personnes ci-dessus désarmées sont tenues d'être retirées dans leur domicile dès la retraite battue, sous les mêmes peines.

Art. 3. — Il est enjoint à Falcon de tenir sa boutique fermée à six heures du soir, et à Dumas, cafetier, à huit heures, sous les mêmes peines.

Art. 4. — La boutique de Falcon est mise sous une surveillance spéciale, et il est enjoint aux commissaires de police de s'y rendre fréquemment chaque jour.

Art. 5. — Il est défendu à tous les citoyens de former aucun attroupement, de chanter en groupes dans les rues à aucune heure du jour ou de la nuit, ni au spectacle lorsque la scène est commencée, sous les peines ci-dessus.

Art. 6. — Tous les bons citoyens sont invités de s'interdire provisoirement tous chants quelconques, même pendant l'intervalle des actes et scènes au spectacle.

Art. 7. — Sont aussi invités les bons citoyens de dénoncer au bureau de police les contraventions au présent règlement.

Art. 8. — Il sera mis en réquisition une force armée suffisante pour faire des patrouilles.

Art. 9. — Le conseil général restera en séance permanente jusqu'à ce qu'il ait été autrement délibéré; l'agent national et son substitut demeurent spécialement chargés de l'exécution du présent règlement.

Fait en maison commune, lesdits jour et an.

Suivent les signatures.

NOTICES BIOGRAPHIQUES

SUR LES PRINCIPAUX PERSONNAGES DONT IL A ÉTÉ QUESTION DANS L'HISTOIRE QUI PRÉCÈDE.

A.

Albitte (*Antoine-Louis*), avocat à Dieppe, représentant du peuple, montagnard exalté, commissaire avec Dubois-Crancé à l'armée qui assiégeait Lyon. Il résida à différentes reprises à Grenoble, où il se signala par sa sévérité dans l'exécution des mesures révolutionnaires. Il fut mis en accusation à la suite des événements du 20 mai 1795; ayant été amnistié peu de temps après, il remplit les fonctions de sous-inspecteur des revues, et mourut de froid et de fatigue dans la campagne de Moscou, en 1812.

Alméras-Latour (*François-Joseph*), né à Vienne. Administrateur du département en 1790, président du tribunal du district de Vienne, député suppléant à l'Assemblée nationale législative et à la Convention, procureur-syndic général du département en 1792. Il fut suspendu de cette dernière fonction comme fédéraliste, le 27 juin 1793, par Dubois-Crancé, Albitte et Gauthier, et reçut ordre de ne pas sortir de Grenoble pendant un mois. Il obtint néanmoins du directoire du département la permission de se retirer dans son pays, où il mourut de chagrin peu de temps après.

Amar (*André*), avocat au parlement de Grenoble, fils d'un directeur de la monnaie. Il était né dans cette ville le 11 mai 1755, et jouissait d'une fortune considérable; il fut vice-président du district de Grenoble en 1790 et 1791, député de l'Isère à la Convention nationale en 1792; il vota la mort de Louis XVI, il fut membre du comité de sûreté générale et se distingua par son acharnement contre les Girondins. En 1793, il fut envoyé en mission avec Merlinot dans les départements de l'Ain et de l'Isère, où il abusa indignement de son autorité. Il contribua, le 9 thermidor, à la chute de Robespierre. Il fut arrêté pourtant comme terroriste en 1795, et ensuite amnistié. Accusé de complicité dans la conspiration de Babeuf, il fut acquitté et néanmoins banni de Paris. Depuis cette époque, il vécut obscurément et mourut à Paris en 1816. C'était un homme froid, flegmatique, vindicatif et qui passait pour être sans moralité. Le curé Hélie l'accusa autrefois d'avoir voulu, le pistolet à la main, le forcer de donner l'absolution à une de ses nièces séduite par lui.

Arthaud (*Pierre-François*), notaire à Grenoble, né dans cette ville en 1756; il embrassa avec chaleur la cause de la révolution; il fut officier municipal ou notable à Grenoble de 1790 à 1793, président du tribunal criminel de l'Isère en 1794 (arrêté d'Albitte et Laporte), membre du comité de surveillance et maire de la ville depuis le 12 octobre 1794 jusqu'au 3 novembre 1795. Il avait continué sa profession de notaire. Il est mort à Grenoble le 10 octobre 1840.

Aubert-Dubayet (*Jean-Baptiste-Annibal*), originaire de Grenoble, né à la Louisiane le 9 août 1759; capitaine au régiment d'infanterie de Bourbonnais; il vint à Grenoble à son retour d'Amérique; il fut, en 1790, président de l'administration du département; député de l'Isère à l'Assemblée législative, où il prit une part active aux discussions. Après la dissolution de l'Assemblée, il reprit du service et obtint un avancement rapide; il fut nommé ministre de la guerre en novembre 1795, puis ambassadeur à Constantinople en 1796; il y mourut subitement le 7 décembre 1797.

B.

Barnave (*Antoine-Pierre-Joseph-Marie*), avocat à Grenoble, né dans cette ville le 21 septembre 1761. Il embrassa de bonne heure la cause de la liberté. Auteur, en 1788, d'une brochure intitulée : *Esprit des Edits*, et qui fut brûlée, par un arrêt du grand bailliage, à Bourg en Bresse, il fut nommé député du Dauphiné à l'Assemblée constituante. Elu maire de Grenoble le 1er août 1790, il refusa cette charge honorable qu'il ne pouvait remplir. L'Assemblée nationale le choisit pour son président le 25 octobre 1790. Après la séparation de cette Assemblée, Barnave revint à Grenoble au commencement de janvier 1792, et se retira à sa campagne de Saint-Robert, où il fut arrêté, le 19 août 1792, par ordre de l'Assemblée législative, à l'occasion d'un écrit insignifiant trouvé dans l'armoire de fer. Mis en prison à Grenoble, puis successivement à Barraux et à Saint-Marcellin, il fut traduit devant le tribunal révolutionnaire de Paris, condamné et exécuté le 28 novembre 1793. Barnave, aussi remarquable par son éloquence que par les qualités du cœur, est, comme on le sait, une des illustrations du Dauphiné.

Barral (*Joseph-Marie* de), marquis de Montferrat, né à Grenoble le 21 mars 1742. Ancien président au parlement du Dauphiné, il fut presque le seul membre de ce corps qui adopta avec ardeur les nouvelles idées révolutionnaires. Il s'empressa, en 1789, de renoncer à sa noblesse, et devint l'un des fondateurs de la société des Amis de la Constitution. On lui sut gré de ce qu'on regardait comme un acte de patriotisme, et il fut souvent honoré du suffrage de ses concitoyens. On l'élut successivement, en 1789, lieutenant-colonel de la garde nationale, président de l'académie delphinale; en 1790, maire de Grenoble, président du directoire du département de l'Isère, président du tribunal du district de Grenoble; en 1791, juge de la cour de cassation, haut-juré de la haute-cour nationale; en 1792, maire de Grenoble, administrateur du département; en 1793, de nouveau maire de Grenoble; il fut obligé de donner sa démission en 1794, à cause de sa qualité d'ex-noble; il se retira à la Tronche; en 1795, on le choisit pour administrateur de la commune; en 1796, il fut élu par le département membre de la haute-cour de justice; en 1800, le premier consul le nomma pour la quatrième fois maire de Grenoble, et la même année, président unique du tribunal d'appel, depuis cour d'appel; en 1803-1804, président du collége électoral de Grenoble, membre du corps législatif, membre de la députation de ce corps au premier consul; Napoléon, empereur, le nomma baron, puis comte de l'empire, membre de la légion d'honneur, premier président de la cour impériale de Grenoble; le 18 octobre 1814, comme président de la cour royale, il adressa un discours de félicitations au comte d'Artois, qui était dans notre ville. Il n'en fut pas moins mis à la retraite à la fin de 1815. Il est mort à Grenoble le 14 juin 1828.

Barroil (*Etienne*) aîné, marchand de drap à Grenoble, l'un des principaux jacobins de la ville et l'un des meneurs du club. Il fut élu notable du corps municipal de Grenoble en 1793, et substitut de l'agent national près la même commune en 1794. Il fut destitué après le 9 thermidor. Il prit une part active à toutes les mesures révolutionnaires du temps. Par un arrêté de la municipalité de la ville du 11 août 1793, il fut désarmé et soumis à se retirer chez lui aussitôt la retraite battue.

BAUDRAN (*Mathieu*), avocat à Vienne, né à Crémieux le 19 septembre 1734 : en 1790, juge suppléant au tribunal du district de Vienne; en 1791, président du même tribunal; en 1792, député de l'Isère à la Convention. Il vota la mort de Louis XVI. A la fin de la session de la Convention, il reprit sa profession d'avocat à Vienne, où il mourut le 4 mars 1810.

BAUDOT (*Paul-François*), prêtre habitué du chapitre de Notre-Dame, puis curé constitutionnel de la paroisse de Saint-Joseph à Grenoble; en 1790-1791, puis en 1793 (élection du mois de juillet), notable de la commune. Il fut nommé juge de paix de l'arrondissement occidental de Grenoble, le 7 nivôse an II, par le représentant Petit-Jean, en remplacement de Mallein (Jean-Baptiste-Abraham).

BÉRENGER (*Jean*), né à Mens (Isère) le 8 avril 1767, fils d'un ministre protestant. Il exerça successivement les professions de pharmacien, de médecin à l'hôpital militaire de Grenoble, et de médecin à Voiron. Il fut élu, en 1792, administrateur du département de l'Isère; les représentants le suspendirent, le 27 juin 1793, comme fédéraliste, et le consignèrent dans Grenoble, mais il obtint du directoire du département la permission de se retirer à Mens. Il fut envoyé au conseil des cinq-cents, et prit une part active aux discussions de cette assemblée. Au 18 brumaire, il se rangea du côté de Bonaparte; depuis, il fut membre de la commission législative intermédiaire du conseil des cinq-cents (20 brumaire an VIII), membre du tribunat (5 nivôse an VIII), président du tribunat, comte de l'empire, conseiller d'état, directeur général de la caisse d'amortissement. Louis XVIII le créa, le 13 mai 1814, directeur général des contributions directes, puis conseiller d'état, commandeur de la légion d'honneur. En 1832, Louis-Philippe le nomma pair de France. Il est mort peu de temps après la révolution de février.

BERTON (*Louis*), curé de Reventin, puis deuxième vicaire épiscopal en 1791, notable du corps municipal de Grenoble en 1792 et 1793; il abandonna la prêtrise en 1793. Il est auteur de quelques opuscules.

BLANC (*Jean-Baptiste*), maire de Seyssins; d'abord administrateur du district de Grenoble, il fut nommé le 27 juin 1793 administrateur du département de l'Isère, par Albitte, Gauthier et Dubois-Crancé, représentants du peuple.

BLANC (*Pierre-Roch-André*), ancien procureur au bailliage de Graisivaudan, substitut du procureur de la commune de Grenoble en 1793, puis juge au tribunal civil du département de l'Isère par arrêté du 7 nivôse an II du représentant Petit-Jean. Après le 9 thermidor, il reprit sa profession d'avoué.

Boissieu (*Pierre-Joseph-Didier*), avocat, né le 15 mars 1757, à Saint-Marcellin ; en 1791, administrateur du département de l'Isère, il fut élu suppléant à l'Assemblée législative et ensuite député du département de l'Isère à la Convention ; il vota la détention et le bannissement de Louis XVI à la paix. Plus tard il entra au conseil des cinq-cents, mais il ne tarda pas à donner sa démission pour se retirer à Saint-Marcellin. Il fut membre du conseil d'arrondissement de cette ville depuis 1800 jusqu'au 23 novembre 1812, époque de sa mort.

Boisverd (*François-Auguste-Raymond*), ancien conseiller correcteur à la cour des comptes du Dauphiné, né à Veurey, le 17 avril 1745 ; élu président du district de Grenoble en 1792 et 1793, puis, administrateur du département et député au conseil des cinq-cents ; il fut membre du conseil d'arrondissement de Grenoble de l'an VIII à l'an XI.

Bourguignon-Dumolard (*Claude-Sébastien-Louis-Félix*), procureur à Grenoble, né à la Ferrière du Gua près Vif, le 21 mars 1760. Substitut du procureur de la commune de Grenoble en 1790-1792, juge suppléant du tribunal du district et administrateur du département de l'Isère en 1792 et 1793. Le 27 juin de cette dernière année, il fut suspendu de ses fonctions comme fédéraliste par Dubois-Crancé, Albitte et Gauthier ; il se défendit très-habilement dans un écrit intitulé : *Adresse du citoyen Bourguignon-Dumolard à ses concitoyens* (in-8° de 11 pages, Grenoble, 3 juillet 1793, chez Cuchet, imprimeur). Il alla à Paris et fut employé par Amar dans les bureaux du comité de sûreté générale. Il devint le secrétaire général de ce comité après le 9 thermidor. Il fut quelque temps substitut du commissaire du directoire près le tribunal de cassation (1799), puis, ministre de la police pendant 27 jours (1799) ; on le nomma alors juge au tribunal criminel de Paris, puis au tribunal spécial de la même ville (1802) ; sous l'empire il devint successivement membre du conseil d'administration des droits réunis, substitut du procureur impérial de la haute-cour, conseiller à la cour d'appel de Paris, et, en 1815, conseiller à la cour royale de la même ville. Il est mort le 22 avril 1829 ; il est auteur de quelques ouvrages de jurisprudence assez estimés.

C.

Cap-Devielle (*Pierre*), armurier à Grenoble, dit *la Carabine de*

Robespierre, né à Bidache près Dax, notable de la commune en 1793 et 1794. Il fut destitué le 12 octobre 1794 et compris comme terroriste dans la liste de désarmement dressée par la commune en 1795. Mort à Grenoble le 25 juillet 1806, âgé d'environ 60 ans.

CHANRION (*Joseph*) aîné, peigneur de chanvre, né à Grenoble le 16 août 1750. Il fut élu officier municipal de la commune en 1790, juge de paix de l'arrondissement extérieur depuis 1791 jusqu'en 1795, administrateur du département de l'Isère en 1792, membre du conseil municipal en 1803. Il fut de nouveau juge de paix sous l'empire et destitué à la rentrée des Bourbons. Il a rendu de grands services à Grenoble, surtout en y empêchant l'établissement d'une commission révolutionnaire. Il est mort dans notre ville le 28 novembre 1830.

CHARREL (*Pierre-François*), né à Corbeyssieux près la Tour du Pin, avocat à Frontonas, membre du directoire du district de la Tour du Pin, député à la Convention ; il vota la mort du roi ; il n'était d'abord que député suppléant, il prit la place de Dubois-Crancé qui avait accepté la députation des Ardennes au lieu de celle de l'Isère ; il fit partie du conseil des cinq-cents et du corps législatif ; il fut aussi membre de l'administration centrale du département de l'Isère de l'an VI à l'an VIII et ensuite juge au tribunal civil de Bourgoin. Exilé comme régicide à la rentrée des Bourbons, il est mort à Constance, en Suisse, en 1817.

CHÉPY (*P.*), homme inconnu qui vint de Paris s'établir à Grenoble au milieu de l'année 1793 ; il ne parut à la Société populaire qu'un peu plus tard ; invité alors par le maire à déclarer ce qu'il venait faire dans notre ville, il communiqua au conseil municipal une pièce du comité de salut public qui l'autorisait à séjourner à Grenoble ; il fut président du club pendant le mois de novembre 1793 et attaqua avec violence les riches et le christianisme. Le comité de surveillance le fit arrêter comme perturbateur de la tranquillité publique et comme prêchant l'athéisme ; il le fit reconduire à Paris ; on croit qu'il avait été envoyé par le parti d'Hébert. Il ne manquait pas d'éloquence et s'exprimait avec une grande facilité.

COUTURIER (*Jacques-Nicolas-Joseph*), avocat, né à Barcelonne en Espagne. Il fut élu, à Grenoble, officier municipal et accusateur public en 1790 ; il continua ces dernières fonctions pendant plusieurs années : on le nomma aussi juré au tribunal révolutionnaire de Paris ; en se rendant à son nouveau poste, il fut arrêté à Lyon par les habitants insurgés, et ne dut sa liberté qu'à l'intervention active des autorités de Grenoble. Il était commissaire du gouvernement près du tribunal criminel du département de l'Isère quand il est mort à Grenoble, le 3 janvier 1803, à l'âge de 41 ans.

D.

DANTARD (*Louis-Joseph*), ancien procureur au bailliage de Graisivaudan, officier municipal en 1790, juge de paix en 1791, et président du tribunal civil de Grenoble sous le consulat et sous l'empire.

DECOMBEROUSSE (*Benoît-Michel*), avocat à Vienne, né à Villeurbanne le 3 février 1734 ; député aux états de Romans, juge au tribunal du district de Vienne, député suppléant de l'Isère à la Convention, où il fut appelé plus tard, membre du directoire du département en 1792 et 1793 ; il fut ensuite député aux conseils des cinq-cents et des anciens, et devint président du corps législatif. Après le 18 brumaire, Bonaparte le nomma successivement président du tribunal criminel de l'Isère, juge au tribunal d'appel de cette ville, puis chef du bureau des consultations au ministère de la justice, membre du conseil administratif des droits réunis, et enfin conseiller à la cour impériale de Paris. Il est auteur de poésies et d'ouvrages dramatiques.

DECOMBEROUSSE (*Jean-François*), de Feyzin, frère du précédent, administrateur du district de Vienne, nommé à l'administration de l'Isère par Albitte, Dubois-Crancé et Gauthier le 27 juin 1793.

DELHORS (*Jean-Baptiste*), ancien procureur au parlement de Dauphiné, notable de la ville en 1790, procureur-syndic de la commune en 1790-1791 ; membre du directoire du département de l'Isère en 1792. Le 27 juin 1793 il fut suspendu de ses fonctions comme fédéraliste par Dubois-Crancé, Albitte et Gauthier. Peu de temps après, le 31 octobre, il fut enfermé comme suspect. Il est mort le 11 juin 1794 à l'hôpital militaire, où il avait été transféré de sa prison ; il était âgé de 46 ans.

DUBOIS-CRANCÉ (*Edmond-Louis-Alexis*), né à Charleville (Marne) en 1747. Il servit d'abord dans les mousquetaires, et fut ensuite membre de l'Assemblée nationale constituante ; en 1792, le département des Ardennes le nomma député à la Convention ; il vota la mort de Louis XVI et se rangea du côté du parti de la Montagne. Il avait été envoyé en mission dans l'armée des Alpes et avait accusé Montesquiou ; il fut aussi commissaire de la Convention à l'armée de Lyon. Il séjourna assez longtemps à Grenoble et sévit, avec Gauthier et Albitte, contre quelques administrateurs girondins du département de l'Isère. Comme le siége de Lyon traînait en longueur, il fut rappelé, et eut de la peine à se justifier. Le 9 thermidor, il se prononça contre Robespierre ; il fit ensuite partie du conseil des cinq-cents. Il était ministre de la guerre à l'époque du 18 brumaire, et s'opposa vivement à l'entreprise de Bonaparte. Sa vie politique fut alors terminée :

il est mort le 29 juin 1814, à Réthel. Il a publié divers mémoires sur la politique et l'art militaire.

Duc (*Pierre-Antoine*), avocat, né à Saint-Marcellin le 28 octobre 1753, élu à Vienne administrateur du département de l'Isère et membre du directoire en 1791; il fut nommé président du directoire à la place de Falquet-Planta, par arrêté d'Albitte et Laporte du 27 mai 1794, et continua l'exercice de ces fonctions pendant plusieurs années; il devint membre du corps législatif en l'an VII; sous l'empire, il fut membre du conseil d'arrondissement de Saint-Marcellin, maire de Saint-Marcellin, et un peu plus tard, juge au tribunal de première instance de cette ville. Il est mort le 7 mai 1834.

Dulau-d'Allemans, né en 1747 aux environs de Périgueux. Sacré évêque de Grenoble le 19 avril 1789, il ne vint pas occuper son siége et refusa de prêter le serment exigé des prêtres. Il fut décrété d'accusation et destitué en 1791; il émigra alors et mourut à Gratz en Styrie (Autriche) le 4 avril 1802.

Dumas (*Louis*), avocat à Grenoble, notable de la commune en 1790, puis juge au tribunal du district de Grenoble.

Dumas (*Victor*), officier de santé, né à Seyssinet, commune de Pariset; révolutionnaire très-exalté; élu officier municipal à Grenoble en 1793, il fut nommé membre du directoire du district par un arrêté du 7 nivôse du représentant Petit-Jean; maire de la ville le 27 mai 1794, également par un arrêté des représentants Laporte et Albitte, il fut destitué en octobre 1794, après la chute de Robespierre, et désarmé par ordre de la commune en 1795. Il est mort à Grenoble, le 30 mai 1797, à l'âge d'environ quarante ans.

Dumolard (*Claude-Sébastien-Louis-Félix*). — Voyez Bourguignon-Dumolard.

Dumolard (*Joseph-Vincent*), avocat à Grenoble, né à la Motte Saint-Martin, le 25 novembre 1766. Le département de l'Isère l'envoya comme député à l'Assemblée législative en 1791, et ensuite au conseil des cinq-cents; compris dans la proscription du 18 fructidor et condamné à la déportation, il se cacha et se remit en 1788 à la discrétion du directoire qui l'exila seulement à Oléron. Après le 18 brumaire, il fut sous-préfet à Cambrai et élu député au corps législatif par le département du Nord et ensuite par le département de l'Yonne. Le département des Basses-Alpes, dont il venait d'être nommé préfet par l'empereur, l'envoya pendant les cent jours à la chambre des représentants. Il rentra dans la vie privée après la restauration et mourut à Ville-Vayer près Joigny (Yonne) le 3 août 1819.

DUMOLARD (*François-Vincent*), père du précédent, notaire à Laffrey. Il a été administrateur du département en 1791.

DUPORT (*Alexandre-Joseph*) aîné, avocat à Grenoble. En 1790 procureur de la commune, il fut bientôt remplacé par Delhors ; il a été depuis juge à la cour d'appel et à la cour impériale et enfin à la cour royale jusqu'en 1821.

DUPORT (*Jean-Victor*), avoué à Grenoble, secrétaire général de l'administration du département de l'Isère en 1790-1793. Il fut suspendu de ses fonctions comme fédéraliste, le 27 juin 1793, par les représentants Dubois-Crancé, Albitte et Gauthier.

DUPORT-LAVILLETTE (*Jean-Pierre*), avocat, né à Grenoble en 1757. Officier municipal de la ville en 1791 et 1792, membre du conseil général du département en l'an VIII, il fut député au corps législatif et membre de la chambre des représentants pendant les cent jours ; il est mort à Grenoble le 19 avril 1827. C'était un jurisconsulte distingué.

F.

FALCON (*Jean-Charles*), libraire à Grenoble, né à Chapareillan en 1747. Elu notable de la commune en juillet 1793 et destitué par le représentant Gauthier, le 5 novembre 1794 ; il avait rédigé quelque temps le *Courrier patriotique* et présidé plusieurs fois le club. En 1795 le tribunal de police lui défendit de laisser son magasin ouvert la nuit, et un arrêté du conseil général de la commune du 11 août de la même année lui fit enjoindre de tenir son magasin fermé dès six heures du soir ; il fut en outre mis sous la surveillance de la police et désarmé. Sous le directoire, on le nomma néanmoins chef de brigade adjoint de la garde nationale. Il conserva toute sa vie le costume de 1789. Malgré l'exagération de ses opinions démocratiques, il ne dénonça jamais personne ; on rapporte même qu'au fort de la terreur il donna asile chez lui à un prêtre insermenté. Il est mort dans la foi républicaine, le 16 juin 1830 ; il est question de lui dans l'*Ermite en province* de M. de Jouy.

FALQUET-PLANTA (*Jacques*), ancien conseiller-maître en la chambre des comptes du Dauphiné, juge de paix à Sassenage. Il embrassa avec ardeur la cause de la révolution. Il fut élu notable de la commune de Grenoble en février 1790 ; membre du directoire et président du département le 16 novembre 1790, il remplit ces dernières fonctions jusqu'au 27 mai 1794, époque où il fut destitué par un arrêté des représentants Laporte et Albitte. Il a été maire de Sassenage et membre du conseil général du département, qu'il a présidé de 1800 à 1803. Il est mort vers 1804.

Fantin (*André-Balthazard*), aumônier-curé du fort Barraux, et plus tard, en 1791, vicaire épiscopal à Grenoble; en 1793 il abdiqua la prêtrise et se fit instituteur, et fut alors nommé membre du comité de surveillance de la ville; il devint notable de la commune en 1794, au fort de la terreur, et fut destitué le 5 novembre 1794 par le représentant Gauthier, après la chute de Robespierre. On le nomma, en 1803, secrétaire de la mairie, fonction qu'il a remplie jusque vers 1810.

Fantin (*Jean*), avocat, notable de la commune de Grenoble de 1791 à 1793.

Fornand-Bauvinet (*Abel-Joseph-Marie*), avocat, juge de paix du canton de Vienne, nommé en 1792 membre adjoint du directoire du département.

Français (*Antoine*), plus connu sous le nom de Français de Nantes, avocat à Grenoble, né le 17 janvier 1756, à Beaurepaire. Il était chef de la direction de la douane à Nantes peu de temps avant la révolution; il fut envoyé à l'Assemblée législative par le département de la Loire-Inférieure; après la session, il retourna à Grenoble où il fut nommé membre du directoire du département de l'Isère, le 27 décembre 1793, par un arrêté du représentant Petit-Jean. Plus tard, il fut envoyé par notre département au corps législatif; nommé préfet de la Charente-Inférieure le 2 mars 1800, il devint presque aussitôt directeur général des contributions indirectes, puis conseiller d'état, grand officier de la légion d'honneur et enfin comte de l'empire. Destitué à la rentrée des Bourbons, il fut député de l'Isère en 1819 et pair de France après la révolution de 1830. Il est mort le 8 mai 1836. Il aimait à rendre service à ses compatriotes.

G.

Gardon (*Antoine*), prieur-curé du Petit-Mort, puis vicaire épiscopal en 1791; en 1793, il abjura de bonne heure la prêtrise; il fit partie du comité de surveillance dit *des Vingt-et-Un* en 1793, et du même comité dit *des Douze* en 1794; il en était l'un des membres les plus redoutés. Il fut du nombre de ceux que la commune fit désarmer comme terroristes le 11 août 1795. Il devint plus tard employé dans l'administration des vivres. Il est auteur de quelques opuscules de circonstance.

Gaston (*Robert*). Il était juge de paix à Foix en 1791, quand il fut député par le département de l'Arriége à l'Assemblée législative. Nommé par le même département membre de la Convention, il vota la mort du roi; il fut l'ennemi acharné des Girondins; il vint en mission à Grenoble au commencement de 1794. Après le 9 thermidor, il continua à soutenir la faction des Jacobins; il disparut ensuite de la scène politique après avoir rempli quelque temps les fonctions de commissaire du directoire à la fin de la session conventionnelle.

Gauthier (*Louis*), notaire à Grenoble, procureur-syndic général du département en 1790, et juge au tribunal du district en 1792-1794.

Gauthier (*Melchior*), secrétaire du conseil général du district de 1790 à 1793; plus tard, conservateur des hypothèques en 1798.

Gauthier des Orcières (*A.-F.*), plus connu sous le nom de Gauthier de l'Ain, avocat, né à Bourg en Bresse. Il fit partie des états généraux, et fut ensuite nommé membre de la Convention par le département de l'Ain. Il vota la mort du roi, et fut envoyé en mission près l'armée des Alpes et à Lyon. Rappelé en octobre 1793, il joua ensuite un rôle assez insignifiant; il fit partie du conseil des cinq-cents, et après le 18 brumaire Napoléon le nomma juge, puis vice-président du tribunal de première instance de Paris; au retour des Bourbons, il fut banni comme régicide.

Genevois-Duroizon (*Jean-Joseph-Victor*), avocat, né à la Mure le 18 février 1745. En 1790, officier municipal à Grenoble, juge du tribunal du district de cette ville; en 1792, président du même tribunal et député par le département de l'Isère à la Convention nationale; il vota la mort du roi; plus tard, il fit partie du conseil des cinq-cents et fut nommé, en 1800, juge au tribunal de cassation. A la restauration, il fut exilé comme régicide et mourut à Genève en 1824.

Genissieu (*Jean-Joseph-Victor*), avocat au parlement de Grenoble, né à Chabeuil (Drôme), le 2 juin 1751 ; en 1790, élu notable du corps municipal de Grenoble, administrateur du district de cette ville et juge au tribunal du même district; en 1792, député de l'Isère à la Convention nationale, il vota la mort du roi ; de là, il passa au conseil des cinq-cents, qu'il a présidé; il fut, sous le directoire, ministre de la justice pendant peu de temps, ensuite substitut du commissaire du gouvernement près la cour de cassation; il se montra hostile à la révolution du 18 brumaire, et fut néanmoins juge au tribunal d'appel de Paris. Il mourut dans cette dernière ville le 27 octobre 1804.

Giroud (*Alexandre*) cadet, imprimeur à Grenoble. Il fut nommé administrateur du département par un arrêté de Dubois-Crancé et Gauthier, en date du 7 septembre 1793. Les représentants Petit-Jean (arrêté du 27 décembre 1793), Albitte et Gauthier (arrêté du 8 prairial an II), l'élurent membre du directoire du même département. Ses connaissances en métallurgie furent très-utiles à cette époque où l'on s'occupait activement dans le district à produire du fer pour la fabrication des armes de guerre. Au commencement du mois d'août 1794, il fut nommé ingénieur des mines et donna sa démission de membre du directoire. Il est mort à Saint-Domingue en l'an VII. On a de lui quelques mémoires dans les tomes 1 et 2 du *Journal des Mines*. Il a été membre associé de l'Institut.

GIROUD (*Pierre*), notaire à Grenoble, né à Saint-Marcellin en 1756, notable du corps municipal de Grenoble en 1790; membre du directoire du district de 1791 à 1793, receveur général du département de l'Isère sous le consulat et l'empire, maire de Grenoble en 1815; mort dans cette ville le 21 février 1841.

GRANGE (*Louis*), prêtre, ex-prieur de Saint-Martin dans les Cévennes, né à Vienne. De 1791 à 1793 il fut vicaire épiscopal et notable de la commune de Grenoble; il renonça à la prêtrise à la fin de cette dernière année; il avait été peu de temps auparavant commissaire du département et de la ville près les représentants en mission à l'armée employée au siége de Lyon. En 1795, pendant la réaction thermidorienne, il fut désarmé à Grenoble comme terroriste. Il épousa alors la veuve d'un chapelier et il exerça quelque temps la profession de sa femme. En 1797 il fut élu administrateur de la commune, et le 11 novembre de la même année le directoire exécutif le nomma commissaire du gouvernement près de l'administration municipale de notre ville. En 1810, il devint adjoint de la mairie, Barral étant alors maire, et plus tard membre du conseil général du département; Français de Nantes le fit nommer en l'an XIII receveur des droits réunis à Carcassonne; il s'y fit remarquer par son aptitude administrative et fut bientôt chargé d'organiser le service des droits réunis en Italie. Au retour des Bourbons il fut mis à la retraite. Il est mort à Paris pendant la restauration. Il est auteur de quelques opuscules de circonstance et de quelques pièces de vers qui, dit-on, ne manquent pas de mérite.

GRAVIER (*Laurent*), vinaigrier à Grenoble, frère du juré révolutionnaire. Il fut élu officier municipal de la ville en juillet 1793; en 1795 il devint assesseur de la justice de paix du canton oriental; en août 1795 il fut désarmé comme terroriste par ordre de la municipalité de Grenoble.

GRIMAUD (*Daniel*), ancien procureur au bailliage du Graisivaudan, né en 1740; membre du bureau de conciliation à Grenoble; en 1792 administrateur du département de l'Isère ; en 1794 officier municipal de la commune de Grenoble ; il est mort à Grenoble le 23 novembre de la même année.

Gros (*Gabriel*), de Bernin, géomètre, ancien employé du directoire du district de Grenoble, nommé membre du directoire le 8 prairial an II par les représentants Laporte et Albitte : il fut désarmé comme terroriste en 1795 par la commune de Grenoble ; il est mort sous la restauration.

H.

Hélie (*Jean-Baptiste*), curé de Saint-Hugues de Grenoble, premier vicaire épiscopal en 1791, notable de la commune du mois de décembre 1792 au mois de juillet 1793.

Herbeys-Latour (*Pierre-Joseph* d'). Député du département des Basses-Alpes à l'Assemblée législative et ensuite à la Convention, il vota la mort du roi ; il fut envoyé en mission dans le midi et vint à Grenoble au commencement de 1794. Après la session, il rentra dans la vie privée.

Hilaire (*Jean-François*), né à Chirens le 8 août 1748, avocat à Grenoble. De 1790 à 1795, procureur-syndic et agent national du district de Grenoble. C'était un ardent républicain ; il fit afficher une proclamation énergique contre ceux qui avaient abattu, à Grenoble, le buste de Marat à la fin de l'année 1794. De 1796 à 1797, il exerça les fonctions de commissaire du directoire exécutif près l'administration centrale du département de l'Isère, et fut deux fois destitué et réintégré. Il était juge suppléant au tribunal civil de l'Isère quand, en 1800, Bonaparte le nomma sous-préfet de Vienne, puis baron de l'empire et préfet de la Haute-Saône en 1804, fonction qu'il exerça jusqu'en 1815. Il est mort à Saint-Nazaire (Isère), le 10 septembre 1825.

I.

Izoard (*Daniel-Paul* d'), ancien conseiller-maître en la chambre du Dauphiné, nommé maire de Grenoble au mois de novembre 1790.

L

Laporte (*Sébastien* de), avoué au tribunal de Béfort ; le département du Haut-Rhin le choisit pour son député à l'Assemblée législative ; il fut envoyé en mission près de l'armée du général Luckner, et se plaignit que les services publics y étaient entièrement désorganisés. Elu membre de la Convention nationale, il vota la mort du roi ; il fut envoyé en mission auprès de l'armée des Alpes, et arriva à Grenoble le 20 floréal an II; il y changea les autorités de concert avec son collègue Albitte. Après la chute de Robespierre, il prit une part active à la réaction thermidorienne. En l'an V, on l'élut membre du conseil des cinq-cents. Sa vie s'est ensuite passée dans l'obscurité.

M.

MALLEIN-LA-RIVOIRE (*Claude-Isaac*), de Grenoble, ancien procureur au bailliage du Graisivaudan. Il était plutôt né pour l'état militaire que pour la procédure. En 1790, il faisait partie de l'état-major de la garde nationale; en 1792, il était lieutenant-colonel du 6e bataillon de volontaires du district de Grenoble et des compagnies des autres districts qui s'y étaient incorporées; il se distingua dans la guerre, et il était parvenu au grade d'adjudant général quand il fut tué dans la rivière de Gênes en l'an IV.

MALLEIN (*Jean-Baptiste-Abraham*), frère du précédent, avocat à Grenoble; en 1792, notable de la commune et juge de paix de l'arrondissement occidental de la ville; il fut destitué, le 7 nivôse an II, par le représentant Petit Jean; il fut depuis député au conseil des cinq-cents, juge au tribunal de Grenoble, et enfin conseiller à la cour royale.

MARTIN (*Joseph*), avocat, né à Grenoble. Notable de la municipalité en juillet 1793, nommé administrateur du département de l'Isère le 7 septembre 1793 par arrêté de Dubois-Crancé et Gauthier, il fit partie plus tard du directoire et ensuite de l'administration centrale du département. En 1796 il devint président de l'administration municipale de Grenoble, et en l'an VIII, membre du conseil général du département.

MERLINOT (N.). Il fut choisi comme député à la Convention par le département de l'Ain et vota la mort du roi; en 1793, il fut envoyé en mission avec Amar dans les départements de l'Ain et de l'Isère; d'un caractère faible, il s'associa à toutes les mesures tyranniques de ce dernier; après le 13 vendémiaire il fut nommé membre du conseil des anciens et il passa ensuite au conseil des cinq-cents. A la suite du 18 brumaire il retourna dans le département de l'Ain où il mourut en 1805.

MICHAL (*Ennemond-Louis*), dit *Anodin*, de Grenoble. En 1790, officier municipal de la commune; en juillet 1793, notable de la municipalité; en 1794, greffier de la police correctionnelle; en 1795, juge de paix de l'arrondissement oriental du canton de Grenoble. C'était un montagnard avancé, quoique d'un caractère flegmatique; il fut compris dans la liste de désarmement arrêtée par la commune en août 1795.

Morenas (*Jean-Louis*), ancien procureur en la cour du parlement, né à Montbonnot. En 1792 notable du corps municipal de Grenoble; vers la fin de 1793, il fit partie du comité de surveillance révolutionnaire; il fut bientôt destitué et emprisonné comme suspect, pour n'avoir pas montré assez de sévérité dans l'exercice de ses fonctions : en 1795, on le nomma juge de paix du canton extérieur de Grenoble; il exerça ces fonctions jusqu'en 1806, époque probable de sa mort.

Mounier (*Jean-Joseph*), avocat, juge royal de Grenoble, né dans cette ville le 12 novembre 1758. Il fut secrétaire des états de Vizille et député à l'Assemblée constituante. Tout le monde sait qu'il fut un des membres de cette Assemblée les plus remarquables par la noblesse du caractère et les talents oratoires; il fut élu président le 28 septembre 1789, et donna sa démission peu de jours après l'insurrection des 5 et 6 octobre. Il revint à Grenoble, puis émigra; il rentra en France après le 18 brumaire, et fut nommé préfet d'Ile-et-Villaine et conseiller d'état. Il est mort le 18 janvier 1806.

Muret (*André*), curé d'Estrablin près Vienne, vicaire épiscopal à Grenoble en 1791 et membre du club. Il abandonna les fonctions sacerdotales en 1793; il fut ensuite commissaire des poudres, membre de l'administration municipale de Grenoble en 1795, et sous l'empire, entreposeur des poudres et salpêtres.

N.

Nioche (*Pierre-Claude*), avocat, né le 25 janvier 1751 à Azai-le-Feron (Indre). Il fut membre de l'Assemblée législative et député à la Convention par le département d'Indre et Loire. En 1793, on l'envoya en mission auprès de l'armée des Alpes avec Dubois-Crancé, Albitte et Gauthier. Il fut retenu quelque temps prisonnier par les Lyonnais et relâché par l'intervention de Kellermann.

O.

Orcellet (*Charles-Simon*), notaire à Châteauvilain: en 1790, administrateur du district de la Tour du Pin; en 1791, administrateur du département de l'Isère; en 1792, membre du directoire de ce département. Après les événements du 31 mai 1793, il se mit en rapport avec les autorités lyonnaises. Le 27 juin suivant, il fut destitué de ses fonctions par un arrêté des représentants Albitte, Dubois-Crancé et Gauthier, portant qu'il serait traduit devant le tribunal révolutionnaire. Après avoir été incarcéré, il fut mis en liberté par un arrêté spécial de la Convention; en 1796, il fut nommé membre de l'administration centrale du département.

P.

Petit-Jean (N), député à la Convention par le département de l'Allier; il vota la mort du roi; il fut envoyé en mission à Grenoble à la fin de l'année 1793.

Pison-du-Galand (*Alexis-François*), avocat, juge épiscopal de Grenoble, né dans cette ville le 23 février 1747. Il fut un des députés aux états de Vizille, et on l'élut membre de l'Assemblée constituante. En 1792, on le nomma président du tribunal du district de Grenoble; il exerça ces fonctions pendant plusieurs années. Accusé de fédéralisme en 1794, il fut enfermé quelque temps comme suspect; en 1797, on l'envoya au conseil des cinq-cents, qu'il présida en 1798; réélu au corps législatif sous l'empire, il donna bientôt sa démission et se retira à Grenoble, où il remplit successivement les fonctions de juge au tribunal d'appel et de conseiller à la cour impériale, puis à la cour royale après 1815. Il est mort dans notre ville le 31 janvier 1826.

Planta. — Voyez Falquet-Planta.

Pouchot (*Joseph*), curé de la Tronche et prieur de Beaurières, né à Grenoble, le 9 novembre 1720. Prêtre en 1745, curé en 1749, notable de la municipalité en 1790; il fut élu évêque de notre ville le 2 mars 1791, surtout par l'influence de son neveu Aubert-Dubayet. Il publia, à Grenoble, deux mandements sur le serment des prêtres, et mourut dans cette ville le 7 septembre 1792.

Prunelle-Delierre (*Léonard-Joseph*), avocat, maire de Grenoble en 1791, député de l'Isère à la Convention nationale; il ne vota pas la mort du roi; en 1795, il fut élu administrateur de la commune de Grenoble; il devint bientôt membre du corps législatif et se fixa ensuite à Paris.

Puis (*François*), avocat à la Côte Saint-André; de 1790 à 1793, vice-président du directoire du département de l'Isère; il fut suspendu de ses fonctions comme fédéraliste par Dubois-Crancé, Albitte et Gauthier; on le nomma en l'an IV membre du directoire et président provisoire de l'administration centrale du département de l'Isère; il fut juge au tribunal du district de Grenoble en l'an VI, et plus tard, juge au tribunal de première instance de Vienne, sous le consulat et sous l'empire.

R.

Réal (*André*), avocat, né à Grenoble le 10 novembre 1755. En 1790, élu administrateur du district de Grenoble; en 1791, président du directoire de ce district; en 1792, nommé député de l'Isère à la

Convention, il ne vota pas la mort du roi; il fut attaché à l'armée des Alpes en l'an III; il devint ensuite membre du conseil des cinq-cents; il en sortit en mai 1797; il fut depuis inspecteur des contributions directes à Grenoble, commissaire du directoire exécutif près de l'administration centrale du département de l'Isère, sous préfet de l'arrondissement de Saint-Marcellin, juge au tribunal d'appel et à la cour impériale; depuis 1811, il était l'un des présidents de chambre de cette cour, lorsqu'il donna sa démission à la rentrée des Bourbons. Il mourut à Grenoble le 18 octobre 1832.

Reymond (*Henri*), professeur de philosophie au collége de Vienne et ensuite curé de la paroisse de Saint-Georges, dans cette même ville, où il est né le 21 novembre 1737. Dès 1776, il publia divers ouvrages, dont l'un fut supprimé par le parlement de Grenoble; il fut envoyé deux fois à Paris par les curés du Dauphiné pour soutenir leurs intérêts; en 1791, il prêta le serment exigé des prêtres, et fut élu évêque de Grenoble le 17 novembre 1792; il fut sacré par l'évêque de Viviers le 13 janvier 1793; à la fin de cette année il lutta avec énergie dans le club contre Chépy qui déclamait contre la religion; le comité des Vingt-Un le fit bientôt arrêter comme suspect, et il ne sortit de prison que le 22 octobre 1794; il se joignit aux autres évêques constitutionnels pour demander le rétablissement du culte et assista aux conciles nationaux de 1797 et de 1801. Il ne tarda pas à rentrer dans le sein de l'église et il fut nommé, à l'époque du concordat, évêque de Dijon le 9 avril 1802; il fut plus tard baron de l'empire et membre de la légion d'honneur. Son attachement à Napoléon lui attira quelques désagréments à l'époque de la restauration. Il mourut subitement à Dijon, le 20 février 1820.

Royer (*Balthazard*). Dès 1793, secrétaire général du directoire du département de l'Isère, puis de l'administration centrale du même département, et enfin, de la préfecture de l'Isère; mort à Grenoble le 22 février 1803.

Royer-de-Loche (*Alexandre*), avocat consistorial au parlement de Grenoble, né dans cette ville le 1er mars 1736. En 1790, il fut élu officier municipal de Grenoble, puis président du tribunal du district de la Tour du Pin séant à Bourgoin; en 1792, troisième député suppléant de l'Isère à la Convention nationale et administrateur du département; il fut destitué de cette dernière fonction comme fédéraliste par un arrêté du 27 juin 1793, des représentants près l'armée des Alpes, et emprisonné pour être traduit devant le tribunal révolutionnaire ainsi qu'Orcellet; ils furent tous les deux mis en liberté par un décret de la Convention; en 1797, il fut commissaire du directoire exécutif près le tribunal civil du département de l'Isère, ensuite procureur général à la cour d'appel et à la cour impériale; puis, président honoraire de la cour royale après 1815; il fut nommé maire de Grenoble en 1818 et exerça cette fonction pendant deux ans; il est mort à Avignonet, le 8 septembre 1842.

ROYER (*Louis*) aîné, avocat à Grenoble, frère de Royer-de-Loche (Alexandre), né dans notre ville le 20 octobre 1740; en 1790, administrateur du département de l'Isère; en 1791, membre du directoire du même département; il fut suspendu de ces fonctions comme fédéraliste le 27 juin 1793 par les représentants de l'armée des Alpes; il ne tarda même pas à être enfermé comme suspect à Grenoble, et il ne sortit de prison que le 13 fructidor an III. Il a été plus tard procureur général syndic, membre et président de l'administration centrale du département; en 1800, il refusa d'être maire de Grenoble; sous Napoléon, il fut conseiller de préfecture et membre du conseil général; sous la restauration, il a rempli de même successivement ces deux fonctions jusqu'en 1824. Il est mort à Grenoble le 11 mai 1828.

S.

SERVONAT (*Sébastien-Joseph*), notaire à Mont-Severoux, né dans cette commune le 17 décembre 1747; en 1790, il fut élu administrateur du département de l'Isère, et en 1792, membre de la Convention; il ne vota pas la mort du roi. Il est mort sous l'empire, contrôleur principal des droits réunis.

SUAT (*Marc*), notaire à Anjou; en 1790, administrateur du département de l'Isère; membre du directoire du département en 1793; membre du conseil général du département sous le consulat. Mort le 7 mai 1807.

T.

TEISSEIRE (*Hyacinthe-Camille*), liquoriste; né à Grenoble le 22 septembre 1764, il perdit de bonne heure son père et fut élevé par sa mère dans des sentiments de piété qui ne l'ont jamais abandonné, même pendant les orages de la révolution. Ses concitoyens l'élurent membre du conseil municipal de Grenoble de 1791 à 1793. Au mois de janvier de cette dernière année, la commune le chargea de réclamer auprès du gouvernement le remboursement d'avances faites par l'hôpital militaire; il remplit sa mission avec succès. Il était à Paris au moment de la chute des Girondins; prévoyant l'inutilité et les dangers d'une lutte contre la Montagne, il conseilla à ses concitoyens de se soumettre à la Convention, et se hâta de revenir dans sa ville natale, mais il fut arrêté à son passage à Lyon et enfermé à Pierre-Seise. Sur l'intervention active de toutes les autorités de Grenoble, il ne tarda pas à être relâché. Il fut nommé procureur de la commune au mois de juillet 1793, et agent national à la fin de décembre de la même année. On le chargea, dans l'intérêt de Grenoble, de plusieurs négociations difficiles. Il cessa ses fonctions d'agent national le 6 décembre 1794, mais il fut élu administrateur de la commune en 1795. Il a été depuis sous-préfet de Tournon sous l'empire, président du tribunal de commerce et député de l'Isère à la Chambre des députés en 1820. Il était aussi chevalier de la legion d'honneur. Il est mort à Grenoble le 12 septembre 1842. On a de lui plusieurs discours imprimés. On lui doit le desséchement des marais de Poisat près Grenoble, qu'il exécuta à ses frais. Il a toujours joui de l'estime générale de ses concitoyens.

TROUSSET (*Joseph*), avoué à Grenoble, administrateur du département de l'Isère en 1791, membre adjoint du directoire du même département : juge à la cour d'appel et à la cour impériale.

ADDITION AUX PIÈCES JUSTIFICATIVES.

Extrait du procès-verbal de la Société des Jacobins de Grenoble du 25 messidor an II (Courrier patriotique, *n° du 30 messidor*).

La Société propose à la Convention de décréter ce qui suit :

1° Les prêtres et les religieuses renfermés comme suspects ou portés par les représentants sur des listes de suspects seront incessamment déportés.

2° Huit jours après la promulgation du décret, tous les prêtres non mariés seront tenus de se rendre au chef-lieu du département, de déclarer à la municipalité leurs noms, qualité et demeure, et de fournir le tableau de leur conduite depuis le commencement de la révolution.

3° Ceux qui ne se conformeront pas à l'article ci-dessus seront déclarés suspects et déportés.

4° L'état des prêtres non mariés, arrivé au chef-lieu du département, sera adressé par la municipalité à la Société populaire de ce chef-lieu, qui sera tenue de dresser, dans la quinzaine, une liste de ceux qu'elle croira suspects.

5° Il sera établi dans chaque département une commission pour juger les prêtres qui seront dénoncés par les Sociétés populaires ou par les administrations. La peine contre ceux qui auront *conspiré* ou *fanatisé* est la mort. La peine contre ceux qui auront continué de propager l'erreur ou la superstition au mépris des lois sera la déportation.

—

On lit dans le *Courrier patriotique*, numéro du 25 messidor an II (13 juillet 1794), un article intitulé : *Projet de fête pour célébrer l'immortelle journée du 14 juillet et les nouvelles victoires des républicains, adopté par la société des Jacobins de Grenoble et par le conseil général de la commune.* Dans cet article se trouve l'appréciation suivante de la conduite politique des Grenoblois aux différentes époques de la révolution :

« Grenoble, qui fut le berceau de la révolution, s'est montré, dans toutes les grandes époques, à la hauteur des principes qu'il eut le premier le courage de proclamer.

« En 1788 il alluma sur les Alpes un grand flambeau dont la lumière fut aperçue sur tous les points de l'empire ; il vainquit et désarma les satellites du roi, s'empara du palais du commandant, et, une année avant la révolution, Grenoble comptait déjà son 14 juillet et son 10 août.

« En 1789, il porta l'épouvante dans les antiques repaires où se cachaient les bêtes féodales connues sous le nom de *seigneurs ;* à sa voix, les états aristocratiques que Mounier voulait rassembler se dispersèrent, et la conjuration de la cour avorta.

« En 1790, durant cette époque où une poignée de conspirateurs, qui se disaient députés, étaient en révolte ouverte contre le peuple, Grenoble fut constamment debout contre ces nobles conjurés, et il ne cessa de se rallier au parti de l'Assemblée constituante qui voulait ou semblait vouloir le règne de la liberté.

« En 1791, il appela la vengeance des lois sur la tête d'un roi perfide et fugitif, rejeta l'alliance perfide des feuillants et se tint fermement uni aux jacobins et à la commune de Paris.

« En 1792, lors des dernières convulsions de la royauté, il demanda le châtiment de Lafayette, l'expulsion des ministres vendus à l'Autriche, l'abolition du *veto*, la suspension du roi, et, lorsque vers le le 10 août certains départements étaient encore indécis, Grenoble s'écria avec Paris : « *Que la royauté soit abolie !* »

« En 1793, il demanda la punition du roi vivant et célébra la chute du roi mort ; et lorsque le *fédéralisme*, ce monstre né de l'alliance des faux patriotes avec la royauté, leva la tête, Grenoble, fidèle à la Convention et à la foi républicaine, rompit la coalition feuillantine et royale qui s'étendait depuis le Mont-Jura jusqu'aux Bouches-du-Rhône; dans le même temps il se leva en masse contre les Piémontais qui avaient envahi le Mont-Blanc; il marcha contre Lyon et il eut la gloire d'avoir puissamment contribué, durant cette année, à sauver la République contre ses ennemis intérieurs et extérieurs.

« En 1794, il emprisonna ses prêtres et ses nobles, balaya de ses temples les ordures sacerdotales, se constitua en état de guerre contre les intrigants et les fripons, mit la raison, la probité et la vertu à l'ordre du jour, fit à la patrie des dons immenses, se rallia toujours à la Convention et au comité de salut public, et, quoi qu'aient osé dire ou faire les malveillants, Hébert n'a pas eu dans cette commune un seul complice qui se soit fait connaître.

« Heureuse cité, qui ne t'es jamais écartée de la ligne révolutionnaire! Le burin de l'histoire gravera pour l'immortalité les services que tu as rendus et ta fidélité à la cause du peuple; elle dira que tu fus audacieuse dans les grandes crises, ferme dans les périls, sage et prudente dans les opérations de la paix, observatrice religieuse des lois; et si la prévention ou la malveillance le conteste, vingt mille citoyens du département de l'Isère qui versent leur sang sur nos frontières lui serviront de réponse.

« Grenoble doit jouir encore d'un autre genre de gloire qui appartient à la douceur des mœurs et à la fraternité des sentiments: Cette commune a vu la première dans ses murs, le 14 juillet dernier (1), un banquet composé de la totalité de ses citoyens. Au sein des alarmes et des divisions qui agitaient alors la République, il était doux de voir tous les citoyens *boire à la même coupe, manger à la même gamelle*, et se réunir tous dans le sentiment commun de la reconnaissance due aux courageux montagnards qui avaient, le 31 mai, sauvé la France; aucun événement intéressant ne s'est passé sans que Grenoble ait manifesté son allégresse par des chants, des danses et des fêtes. La prise de Toulon fut célébrée avec une joie et une effusion de sentiments qui ont laissé de touchants souvenirs; et lorsque la Convention nationale proclama les consolantes vérités qui sont l'effroi des méchants et la joie de l'homme de bien, l'allégresse publique se manifesta dans une fête qui a porté dans tous les cœurs une impression profonde. »

. . . .

(1) 1793.

www.ingramcontent.com/pod-product-compliance
Lightning Source LLC
La Vergne TN
LVHW020023170826
845678LV00001B/97

* 9 7 8 2 3 2 9 7 7 4 7 0 1 *